城市轨道交通
自动售检票系统

第2版

主　编　吴献文　蔡小成　李　捷
副主编　傅宗纯　王亚成　袁　玲
参　编　包纯一　杨　令　严　俊　周　林
　　　　唐丽玲　廖佳成

机械工业出版社

本书以自动售检票系统的层次结构为线索，在简要介绍城市轨道交通及乘客信息系统的基础上，对轨道交通自动售检票系统的基本原理和层次结构进行了系统、全面的阐述，主要知识点包括自动售检票系统的车票、终端设备、车站计算机系统、系统安全以及安全检查操作规范和自动售检票系统规定等内容。书中不但介绍了相关层次所需的基本知识，还遵循设备操作规范设置了专门的操作任务，既保证能获取系统的基本原理也能掌握基本的操作，培养学生善思考、能操作、解决实际故障的能力。

本书可作为职业院校轨道交通相关专业的教材；也可作为从事轨道交通自动售检票系统规划与设计、系统开发、系统维护与管理等方面专业技术人员的培训教材以及城市轨道交通企业的岗位培训教材。

本书配有视频、动画资源，读者可通过手机扫描二维码观看。为方便教学，本书配有电子课件，凡选用本书作为授课教材的教师可登录 www.cmpedu.com 以教师身份免费注册下载，或来电咨询：010-88379375。

图书在版编目（CIP）数据

城市轨道交通自动售检票系统/吴献文，蔡小成，李捷主编. —2版. —北京：机械工业出版社，2023.12
ISBN 978-7-111-74198-5

Ⅰ.①城… Ⅱ.①吴… ②蔡… ③李… Ⅲ.①城市铁路-旅客运输-售票-铁路自动化系统-职业教育-教材 Ⅳ.①U239.5

中国国家版本馆CIP数据核字（2023）第210182号

机械工业出版社（北京市百万庄大街22号　邮政编码100037）
策划编辑：谢熠萌　　　　　　　　责任编辑：谢熠萌
责任校对：郑　雪　薄萌钰　韩雪清　责任印制：张　博
北京联兴盛业印刷股份有限公司印刷
2023年12月第2版第1次印刷
184mm×260mm・12.5印张・307千字
标准书号：ISBN 978-7-111-74198-5
定价：40.00元

电话服务　　　　　　　　网络服务
客服电话：010-88361066　机　工　官　网：www.cmpbook.com
　　　　　010-88379833　机　工　官　博：weibo.com/cmp1952
　　　　　010-68326294　金　　书　　网：www.golden-book.com
封底无防伪标均为盗版　　机工教育服务网：www.cmpedu.com

前 言 PREFACE

随着城市化建设步伐及人们生活节奏的加快，自动售检票系统作为城市轨道交通的重要组成部分，在改善现代城市交通、提升城市形象方面起着关键作用，其运行状况直接影响城市轨道交通的服务质量。自动售检票系统的发展为"提供大运量、高效率交通运力"的实现提供了保障，为绿色低碳的生活方式提供了便利。

自动售检票系统是城市轨道交通线路运行的关键，其建设、使用、维护、维修等迫切需要专业素质良好、安全意识强的人才，"自动售检票系统检修工"（人力资源和社会保障部设置的工种）在这种背景下应运而生。

本书在编写过程中以"自动售检票系统检修工"工种技能要求为依据，以学生的全面（知识学习、技能提升、素质培育）发展为培养目标，贯彻党的二十大精神，用社会主义核心价值观铸魂育人，严格落实立德树人根本任务，努力培养素质高、专业技术全面、技能熟练的大国工匠、高技能人才。

本书在力求技术、操作、基础理论完整的基础上，注重表达的深入浅出和任务的完整性；以自动售检票系统的五层架构为线索，在简要介绍城市轨道交通及乘客信息系统的基础上，强调车票、终端设备、车站计算机系统安全，在"学习目标""课外拓展""思考练习"等多个环节中融入职业道德、素养训练、法律法规教育、操作规范等元素，培养学生善思考、能操作、能解决实际故障的能力。

本书由湖南铁道职业技术学院吴献文、蔡小成、李捷任主编；湖南铁道职业技术学院傅宗纯，湖南高铁时代数字化科技有限公司王亚成、袁玲任副主编；高新现代智能系统股份有限公司包纯一，湖南高铁时代数字化科技有限公司杨令、严俊、周林、唐丽玲、廖佳成参与编写、整理、校对、优化工作。

新兴技术发展、更新速度非常快，资料收集具有一定难度，加之编写人员技术水平和实践经验的局限性，书中难免存在错误或未考虑完善之处，恳请读者批评指正。

编 者

二维码索引

名称	图形	页码	名称	图形	页码
城市轨道交通类别		2	车票异常处理		131
城市轨道交通发展现状		8	闸机常规业务操作		165
乘客信息系统运行模式		22	闸机维护业务操作（登录操作）		168
自动售检票系统安全		43	闸机维护业务操作（票箱操作）		169
自动售检票系统工作模式		61	闸机维修业务操作（部件测试）		170
车票的制作和使用流程		85	闸机维修业务操作（部件自诊断）		171
自动售票机常见故障及排除		109	查询、设置闸机参数		173
数据库安装与配置		122			

目　录 CONTENTS

前言
二维码索引
单元一　城市轨道交通概述 …………… 1
　【学习导入】 ………………………………… 1
　【学习目标】 ………………………………… 1
　　课题一　城市轨道交通 ………………… 2
　　　一、城市轨道交通类型 ………………… 2
　　　二、城市轨道交通特点 ………………… 7
　　课题二　轨道交通系统 ………………… 8
　　课题三　轨道交通发展 ………………… 8
　　　一、城市轨道交通发展趋势 …………… 8
　　　二、城市轨道交通技术发展 …………… 9
　【课外拓展】 ……………………………… 10
　【思考练习】 ……………………………… 10
单元二　乘客信息系统 ………………… 13
　【学习导入】 ……………………………… 13
　【学习目标】 ……………………………… 13
　　课题一　乘客信息系统概述 …………… 14
　　　一、乘客信息系统信息类型 ………… 14
　　　二、信息显示的优先级 ………………… 15
　　　三、信息发布方式 …………………… 15
　　　四、乘客信息系统功能 ……………… 16
　　　五、乘客信息系统结构 ……………… 18
　　　六、列车乘客信息系统与地面信息的
　　　　　通信 ……………………………… 21
　　课题二　乘客信息系统运行模式 …… 22
　　课题三　乘客信息系统接口 ………… 23
　　　一、乘客信息系统接口类型 ………… 23
　　　二、乘客信息系统接口界面 ………… 24

　　课题四　乘客信息系统发展 ………… 25
　　　一、乘客信息系统发展现状 ………… 25
　　　二、乘客信息系统发展趋势 ………… 26
　　课题五　乘客信息系统设计原则 …… 27
　【任务实践】 ……………………………… 29
　【课外拓展】 ……………………………… 29
　【思考练习】 ……………………………… 30
单元三　城市轨道交通安全常识 …… 32
　【学习导入】 ……………………………… 32
　【学习目标】 ……………………………… 32
　　课题一　数字电路基础 ……………… 33
　　　一、数字电路的划分 ………………… 33
　　　二、逻辑数制基础 …………………… 33
　　　三、基本逻辑运算 …………………… 36
　　　四、导出逻辑运算 …………………… 37
　　课题二　电工安全基础 ……………… 38
　　　一、用电安全 ………………………… 38
　　　二、接地防护 ………………………… 40
　　课题三　维修电工安全基础 ………… 42
　　　一、维修电工人身安全规范 ………… 42
　　　二、设备运行安全规范 ……………… 42
　　　三、触电防范 ………………………… 42
　　课题四　自动售检票系统安全 ……… 43
　　　一、设备操作安全注意事项 ………… 43
　　　二、设备检修及防护安全注意事项 … 43
　　　三、收益安全注意事项 ……………… 44
　　课题五　车票安全 …………………… 44
　　　一、制票中心 ………………………… 44
　　　二、车站 ……………………………… 44

三、车票配送 …………………… 45
　　　四、车票安全性介绍 ………………… 45
　【任务实践】………………………… 47
　【课外拓展】………………………… 47
　【思考练习】………………………… 49

单元四　自动售检票系统概述………… 52
　【学习导入】………………………… 52
　【学习目标】………………………… 52
　　课题一　自动售检票系统定义……… 53
　　课题二　自动售检票系统结构……… 53
　　　一、自动售检票系统的层次结构 …… 53
　　　二、自动售检票系统的基本架构 …… 54
　　　三、自动售检票系统架构的选择 …… 58
　　课题三　自动售检票系统功能……… 59
　　课题四　自动售检票系统工作
　　　　　　模式 ………………………… 61
　　课题五　自动售检票系统发展
　　　　　　趋势 ………………………… 63
　【任务实践】………………………… 63
　【课外拓展】………………………… 63
　【思考练习】………………………… 65

单元五　票卡媒介 ……………………… 66
　【学习导入】………………………… 66
　【学习目标】………………………… 66
　　课题一　车票体系发展历程………… 67
　　课题二　车票分类…………………… 67
　　　一、票卡媒介 …………………… 67
　　　二、车票类型 …………………… 75
　　　三、车票术语 …………………… 76
　　　四、车票使用规定 ………………… 78
　　课题三　票制………………………… 79
　　课题四　车票流程…………………… 79
　　课题五　车票状态…………………… 80
　　课题六　售检票方式………………… 81
　　课题七　一卡通在自动售检票系统中
　　　　　　的应用 …………………… 81
　　课题八　票卡的发行及使用………… 83
　　　一、车票的编码定义 ……………… 83
　　　二、车票的初始化 ………………… 84

　　　三、车票的赋值发售 ……………… 84
　　　四、车票的使用 …………………… 85
　　　五、车票的使用管理 ……………… 85
　【任务实践】………………………… 87
　【课外拓展】………………………… 87
　【思考练习】………………………… 88

单元六　自动售票机 …………………… 90
　【学习导入】………………………… 90
　【学习目标】………………………… 90
　　课题一　自动售检票系统…………… 91
　　课题二　自动售票机简述…………… 91
　　课题三　自动售票机部件组成……… 92
　　　一、自动售票机内部结构 ………… 92
　　　二、自动售票机主要部件功能 …… 92
　　课题四　日常操作…………………… 95
　　　一、后维护登录与注销 …………… 95
　　　二、补充硬币 …………………… 97
　　　三、更换单程票箱 ………………… 99
　　　四、单箱盘点 …………………… 100
　　　五、下班盘点 …………………… 101
　　　六、更换纸币钱箱 ………………… 102
　　　七、更换硬币钱箱 ………………… 104
　　　八、清理废票箱 ………………… 106
　　　九、运营统计 …………………… 107
　　　十、模式原因 …………………… 108
　　　十一、系统管理 ………………… 108
　　课题五　常见故障及排除…………… 109
　　课题六　自动售票机功能…………… 110
　【任务实践】………………………… 111
　【课外拓展】………………………… 111
　【思考练习】………………………… 112

单元七　半自动售票机 ……………… 114
　【学习导入】………………………… 114
　【学习目标】………………………… 114
　　课题一　半自动售票机概述………… 115
　　课题二　运行条件准备……………… 118
　　课题三　运行环境准备……………… 118
　　　一、安装及初始化 ………………… 118
　　　二、数据库安装与配置 …………… 122

三、系统安装与运行 …………………… 123
　课题四　系统操作 ……………………… 124
　　一、参数配置 …………………………… 124
　　二、系统登录 …………………………… 125
　课题五　系统管理 ……………………… 127
　课题六　售卡 …………………………… 129
　课题七　充值 …………………………… 130
　课题八　异常处理 ……………………… 131
　课题九　验票 …………………………… 133
　课题十　售团体票 ……………………… 134
　课题十一　退票退款 …………………… 135
　课题十二　行政事务 …………………… 136
　　一、售行李票 …………………………… 136
　　二、补收票款 …………………………… 137
　　三、乘客退款 …………………………… 137
　　四、密码修改 …………………………… 137
　课题十三　记名卡 ……………………… 138
　　一、记名卡申请 ………………………… 138
　　二、查询用户卡信息 …………………… 139
　　三、发卡 ………………………………… 139
　　四、记名卡挂失 ………………………… 141
　　五、记名卡解挂 ………………………… 141
　课题十四　维护 ………………………… 142
　　一、操作间休 …………………………… 142
　　二、软件维护 …………………………… 142
　　三、终端维护 …………………………… 142
　　四、参数管理 …………………………… 146
　　五、数据管理 …………………………… 146
　课题十五　其他 ………………………… 150
　　一、补打交易 …………………………… 150
　　二、有效期更改 ………………………… 150
　　三、个人资料更改 ……………………… 151
　　四、冲正 ………………………………… 151
　　五、卡解锁 ……………………………… 151
　　六、挂失卡退押金 ……………………… 153
　　七、激活 ………………………………… 153
　课题十六　退出 ………………………… 154

　课题十七　关机 ………………………… 155
　课题十八　重启 ………………………… 156
　【任务实践】 …………………………… 156
　【课外拓展】 …………………………… 157
　【思考练习】 …………………………… 158
单元八　自动检票机 …………………… 160
　【学习导入】 …………………………… 160
　【学习目标】 …………………………… 160
　课题一　闸机 …………………………… 161
　　一、闸机分类 …………………………… 161
　　二、闸机组成 …………………………… 163
　　三、闸机外观结构 ……………………… 164
　　四、闸机功能 …………………………… 165
　课题二　常规业务操作 ………………… 165
　　一、开机操作 …………………………… 165
　　二、进站操作 …………………………… 165
　　三、出站操作流程 ……………………… 166
　课题三　维护业务操作 ………………… 168
　　一、登录操作 …………………………… 168
　　二、票箱操作 …………………………… 169
　　三、查询票箱操作 ……………………… 170
　课题四　维修业务 ……………………… 170
　　一、部件测试操作 ……………………… 170
　　二、部件自诊断操作 …………………… 171
　　三、查询、设置闸机参数操作 ………… 173
　　四、查询、设置设备参数操作 ………… 174
　　五、查询、设置运营参数操作 ………… 175
　【任务实践】 …………………………… 176
　【课外拓展】 …………………………… 176
　【思考练习】 …………………………… 177
附录 ………………………………………… 179
　附录A　城市轨道交通安全检查操作
　　　　　规范 …………………………… 179
　附录B　自动售检票系统规定 ………… 183
　附录C　习题答案 ……………………… 186
参考文献 …………………………………… 192

01

单元一　城市轨道交通概述

《交通运输部 国家铁路局 中国民用航空局 国家邮政局贯彻落实〈中共中央 国务院关于完整准确全面贯彻新发展理念做好碳达峰碳中和工作的意见〉的实施意见》（交规划发〔2022〕56号）中指出："全面推进国家公交都市建设。优先发展公共交通，完善城市公共交通服务网络，指导各地加快城市轨道交通、公交专用道、快速公交系统等大容量城市公共交通系统发展，提高公共交通供给能力，鼓励运输企业积极拓展多样化公共交通服务，改善公众出行体验，大力提升公共交通服务品质。推动自行车、步行等城市慢行系统发展，加快转变城市交通发展方式，综合施策，加大城市交通拥堵治理力度。"

【学习导入】

国内大部分城市目前都已经开通地铁或轻轨，一方面方便了人们的出行，另一方面也加速了城市发展和城市与城市之间的沟通，城市轨道交通对社会发展的促进作用显而易见，那么你认为有哪些作用呢？你所认为的城市轨道交通是怎么样的呢？地铁能代表城市轨道交通或城市轨道交通系统吗？

【学习目标】

1. 了解城市轨道交通的类型和特点。
2. 了解城市轨道交通系统的组成。
3. 知道城市轨道交通的发展趋势，以从事城市轨道交通行业为荣，树立正确的学习目标。
4. 熟悉城市轨道交通技术发展，培养创新意识，了解科技强国的重要性。
5. 培养学生绿色低碳的生活方式。

课题一　城市轨道交通

城市轨道交通是城市公共交通的主干线，客流运送的大动脉，是城市的生命线工程。城市轨道交通将直接关系城市居民的出行、工作、购物和生活，对于实现城市的可持续发展具有非常重要的意义，对城市的全局和发展模式将产生深远的影响。

随着技术的发展和人口流动性的增强，世界各国普遍认识到"解决城市交通问题的根本出路在于优先发展以轨道交通为骨干的城市公共交通系统"。因为城市轨道交通（Rail Transit）具有运量大、速度快、安全、准点、保护环境、节约能源和用地等特点。

"城市轨道交通"一词包含的范围较大，在国际上并没有统一的定义，通常认为具有固定线路、铺设固定轨道、配备运输车辆及服务设施等的公共交通设施就是城市轨道交通。广义上来说，城市轨道交通是指以轨道运输方式为主要技术特征，在城市公共客运交通系统中具有中等以上运量的轨道交通系统（有别于道路交通），主要为城市内（有别于城际铁路，但可涵盖郊区及城市圈范围）公共客运服务，是一种在城市公共客运交通中起骨干作用的现代化立体交通系统。

根据中国城市轨道交通协会信息显示，截至 2022 年底，我国（不含港、澳、台）共有 55 个城市开通城市轨道交通运营线路 308 条，运营线路总长度 10287.45km。其中，地铁运营线路 8008.17km，占比 77.84%；其他制式城市轨道交通运营线路 2279.28km，占比 22.16%。当年新增运营线路长度 1080.63km。

一、城市轨道交通类型

城市轨道交通种类繁多，技术指标差异较大，世界各国评价标准不一，并无严格的分类。由于城市轨道交通在世界范围内发展较快，地区、国家、城市的不同，服务对象的不同等，使城市轨道交通发展成为多种类型。目前尚无统一的分类标准，根据不同的分类方法，城市轨道交通可以分出不同的结果。

城市轨道交通类别

1. 常见的分类方式

常见的分类方式见表 1-1。

表 1-1　常见的分类方式

序号	分类方式	具体类型
1	容量（运送能力）	高容量、大容量、中容量和小容量
2	导向方式	轮轨导向和导向轨导向
3	线路架设方式	地下、高架和地面
4	线路隔离程度	全隔离、半隔离和不隔离
5	轨道材料	钢轮钢轨系统和橡胶轮混凝土轨道梁系统
6	牵引方式	旋转式直流、交流电动机牵引和直线电动机牵引
7	运营组织方式	传统城市轨道交通、区域快速轨道交通和城市（市郊）铁路
8	运能范围、车辆类型及主要技术特征	有轨电车、地下铁道、轻轨交通、市郊铁路、单轨交通、磁悬浮交通、新交通系统

2. 城市轨道交通常见类别

根据运能范围、车辆类型及主要技术特征可将城市轨道交通分为七类，具体见表1-2。

表1-2 城市轨道交通类别

序号	具体类型	英文全称	应用场合或使用环境	牵引	导向	备注
1	有轨电车	Street Car	街道上行走，列车只有单节，最多五节	电力	轨道	采用电力驱动并在轨道上行驶的轻型轨道交通车辆
2	地铁	Metro/Underground/Railway/Subway	高峰时单向客运量在3万~8万人次/h	电气	轮轨	车辆分组，准时、舒适
3	轻轨	Light Rail Transmit（LRT）	高峰时单向客运量在0.6万~3万人次/h的中等容量轨道交通系统	电气	钢轮钢轨系统、线性电动机牵引系统和橡胶轮轻轨系统	由旧式的有轨电车系统发展演变而来
4	市郊铁路	Urban Railway	连接市区与郊区、城市核心区与周围几十千米甚至更大范围的卫星城镇，主要服务人口密度相对较低的郊区	电气或内燃机	轮轨	40km以上，如伦敦、巴黎、东京
5	单轨	Monorail	中低客运量，每小时单向最大运送能力为1万~2.5万人次	电气	轮轨	车体比承载轨道要宽
6	磁悬浮系统	Maglev System	非轮轨黏着传动，悬浮于地面的交通运输系统	直线电动机	复合技术产生导向力	利用常导磁铁或超导磁铁产生的吸力或斥力使车辆浮起，用以上的复合技术产生导向力
7	新交通系统	New Transport System	满足现有运输方式难以适应的运输需求而开发的新交通方式和新运营服务	自动控制	无轨	自动化导轨交通新型无轨交通系统

（1）有轨电车　有轨电车是使用电力牵引、轻轨导向、1~3辆编组，运行在城市路面线路上的低运量轨道交通系统。

有轨电车是最早发展的城市轨道交通之一，起源于城市公共马车，为了多载客，人们把马车放在铁轨上。一般设在城市中心穿街走巷运行，具有上下车方便的特点。

1906年，我国第一条有轨电车线在天津北大关至老龙头火车站（今天津站）建成通车，随后上海、北京、南京、重庆、抚顺、大连、长春、鞍山等城市相继修建了有轨电车或电铁客车，在当时的城市公共交通中发挥了重要作用。

旧式的有轨电车单向运输能力一般在1万人次/h以下，通常采用地面路线，与其他车辆混合运行，运行速度一般在10~20km/h之间。旧式有轨电车由于运能、挤占道路、噪声等问题，在20世纪五六十年代，世界各大城市纷纷拆除有轨电车线路，改建运量大的地铁或轻轨交通。我国的有轨电车在20世纪50年代末已拆得所剩无几，仅大连、长春两城市保留。大连还对有轨电车进行了改造，使其成为城市的一张名片，经改造后的现代有轨电车与性能较差的轻轨交通已很接近，只是车辆尺寸稍小一些，运营速度接近20km/h，单向运能可达2万人次/h。

（2）地铁　地铁是地下铁道的简称，我国已应用的城市包括北京、上海、重庆、广州、深圳、南京等。地铁是由电力牵引、轮轨导向、轴重相对较重、具有一定规模运量、按运行图行车、车辆编组运行在地下隧道内，或根据城市的具体条件，运行在地面或高架线路上的快速轨道交通系统。地铁的运能，单向在3万人次/h，最高可达6万~8万人次/h。最高速度可达120km/h，旅行速度可达40km/h以上，可4~10辆编组，车辆运行最小间隔可低于1.5min。驱动方式有直流电动机、交流电动机、直线电动机等。地铁造价昂贵，每千米投资在3亿~6亿元人民币。地铁有建设成本高、建设周期长的弊端，但同时又具有运量大、速度快、安全、准时、节省能源、不污染环境、节省城市用地的优点。地铁适用于出行距离较长、客运量需求大的城市中心区域。一般认为，人口超过百万的大城市就应该考虑修建地铁。地铁的主要技术参数见表1-3。

表1-3　地铁主要技术参数

序号	技术类型	技术参数
1	高峰小时单向运送能力/人	30000~70000
2	安全性和可靠性	较好
3	列车编组	4~8节、最多11节
4	列车容量/人	3000
5	车辆构造速度/(km/h)	80~100
6	最小曲线半径/m	300
7	最小竖曲线半径/m	3000
8	平均运行速度/(km/h)	30~40
9	车站平均间距/m	600~2000
10	最大通过能力/(对/h)	30
11	与地面交通隔离率	100%
12	舒适性	较好
13	城市景观	无大影响
14	空气污染、噪声污染	小
15	站台高度	一般为高站台，乘降方便

地铁由于大部分线路在地下或高架通行，因此技术水平要求较高，可靠性和安全性要求也高。地铁系统与国家干线铁路一样，主要由线网、轨道、车站、车辆、通信信号等设备构成，要求各部门能够有机结合、协同动作、最大限度地完成输送任务。

（3）轻轨　轻轨是在有轨电车的基础上改造发展起来的城市轨道交通系统，是一种使用电力牵引、介于标准有轨电车和快运交通系统（包括地铁和城市铁路），用于城市旅客运输的轨道交通系统。

国内外都以客运量或车辆轴重的大小来区分地铁和轻轨。轻轨是指运量或车辆轴重稍小于地铁的快速轨道交通。在《城市轨道交通工程项目建设标准》（建标104—2008）中，把每小时单向客流量为0.6万~3万人次的轨道交通定义为中运量轨道交通，即轻轨。

轻轨一般采用地面和高架相结合的方法建设，路线可以从市区通往近郊。列车编组采用3~6辆，铰接式车体。由于轻轨采用了线路隔离、自动化信号、调度指挥系统和高新技术车辆等措施，最高速度可达60km/h，克服了有轨电车运能低、噪声大等问题。轻轨发展模式大致可分为以下几种，具体见表1-4。

表1-4 轻轨发展模式

序号	发展模式	典型代表
1	改造旧式有轨电车	德国、苏联及东欧各国
2	利用废弃铁路线路	美国圣迭戈轻轨、瑞典的哥德堡轻轨、中国上海5号线、中国武汉轨道交通1号线一期工程
3	建设轻轨新线路	马尼拉、鹿特丹、中国香港

经过100多年的发展，轻轨已形成三种主要类型：钢轮钢轨系统、线性电动机牵引系统和橡胶轮轻轨系统，见表1-5。

表1-5 轻轨主要类型

序号	类型	说明
1	钢轮钢轨系统	应用地铁先进技术对老式有轨电车进行改造
2	线性电动机牵引系统	由线性电动机牵引、轮轨导向、车辆编组运行在小断面隧道及地面和高架专用线路上的中运量轨道交通系统
3	橡胶轮轻轨系统	采用全高架运行，不占用地面道路，具有振动小、噪声低、爬坡能力强、转弯半径小、投资较少等优点

> 线性电动机列车具有车身矮、质量小、噪声低、通过小半径曲线和爬坡能力强等优点，可以轻便地钻入地下，爬上高架，是地下与高架接轨的理想车型。以线性电动机作为动力，引起了轨道车辆牵引动力的变革。

（4）市郊铁路　市郊铁路是城市铁路的主要形式，是指建在城市内部或内外结合部，线路设施与干线铁路基本相同，大多建在地面，部分建在地下或高架的交通系统。其运行特点接近于干线铁路，只是服务对象不同，以城市公共交通客流，即短途、通勤旅客为主。通常使用电力牵引和内燃机牵引，列车编组多在4~10辆，最高速度可达100~120km/h。

城市铁路通常分成城市快速铁路和市郊铁路两部分。城市快速铁路是指运营在城市中心，包括近郊城市化地区的轨道系统，其线路采用电气化，与地面交通大多采用立体交叉。

（5）单轨　单轨也称为独轨，是指通过单一轨道梁支撑车厢并提供导引作用而运行的轨道交通系统。其最大特点是车体比承载轨道要宽。以支撑方式的不同，单轨通常分为跨座式和悬挂式两种：跨座式是车辆跨坐在轨道梁上行驶，悬挂式是车辆悬挂在轨道梁下方行驶。

单轨的车辆采用橡胶轮，电气牵引，最高速度可达 80km/h，旅行速度达 30~35km/h，列车可 4~6 辆编组，单向运送能力为 1 万~2.5 万人次/h。

单轨交通历史悠久，1821 年英国人开发了单轨铁路。1888 年，法国人在爱尔兰铺设了约 15km 的跨座式单轨铁路，采用蒸汽机车牵引，从此有动力的单轨走向实用化阶段，但因其车厢摇摆、噪声大等原因，1942 年停止运营。1893 年，德国人发明了悬挂式单轨车辆，1901 年在伍珀塔尔运营，成为利用街道上空建设独轨铁路的先驱。2023 年 4 月，由中国城市轨道交通协会单轨分会主办的第二届单轨交通系统技术应用与发展现场研讨会顺利召开，会议主题为"推动单轨交通产品绿色智慧发展"。

与轮轨相比单轨有很多突出的优点。由于单轨客车的走行轮采用特制的橡胶车轮，所以振动和噪声大为减少；两侧装有导向轮和稳定轮，控制列车转弯，运行稳定可靠。高架单轨轨道梁宽仅为 85cm，不需要很大空间，可适应复杂地形的要求，同时对日照和城市景观影响小。单轨道交通占地少、造价低、建设工期短，它的工程建筑费用仅为地铁的 1/3；其主要缺点是单轨的橡胶轮与轨道梁摩擦产生橡胶粉尘的现象，对环境有轻度污染，而且列车运行期间发生事故救援比较困难。

（6）磁悬浮系统　磁悬浮系统是一种非轮轨黏着传动，悬浮于地面的交通运输系统。我国的应用城市包括上海等。磁悬浮列车是利用常导磁铁或超导磁铁产生的吸力或斥力使车辆浮起，用以上的复合技术产生导向力，用直线电动机产生牵引动力，使其成为高速、安全、舒适、节能、环保、维护简单、占地少的新一代交通运输工具。

（7）新交通系统　新交通系统广义上是所有现代化新型公共交通方式的总称。狭义上是指由电气牵引，具有特殊导向、操作和转向方式胶轮车辆，单车或数辆编组运行在专用轨道梁上的中小运量轨道运输系统。

新交通系统中车辆在线路上可无人驾驶自动运行，车站无人管理，完全由中央控制室的计算机集中控制，自动化水平高。新交通系统与独轨道交通有许多相同之处，最大的区别在于该系统除有走行轨外，还设有导向轨，故新交通系统也称为自动导轨道交通。新交通系统的导向系统可分为中央导向方式和侧面导向方式，每种方式又可分为单用型和两用型。所谓单用型是车辆只能在导轨上运行，两用型则是车辆既可在导轨上运行，又可以在一般道路上行驶。

新交通系统最早出现在美国，当初多为一种穿梭式往返运输乘客的短距离交通工具，曾被称为"水平电梯""空中巴士""快速交通"，在逐渐发展成为一种城市客运交通工具后，一般称为"客运系统"（People Mover System）。后来日本和法国又做了进一步的技术改造和发展，并使其成为城市中的一种中运量客运交通系统。日本称为新交通系统（意指含有高度自动化新技术的交通系统），以区别于其他各种交通运输工具。法国称为 VAL 系统，名称来源于轻型自动化车辆（Vehicle Automatic Leger）的法文单词字头的字母，也有一种说法是 VAL 一词的来历是线路起始地名字头缩写。

我国内地的新交通系统处在起步阶段，天津市于 2007 年在滨海新区开通了全长 7.6km 的亚洲首条胶轮导轨线路，北京市于 2008 年奥运会前开通了服务于首都机场 T3 航站楼的新交通系统，上海市也于 2009 年开通了胶轮导轨电车。我国台湾地区的台北市 1994 年建成，1996 年 3 月投入运营的木栅线（中山中学至木栅动物园），线路全长 10.8km，其中高架线 10km、地下线 0.8km，采用 VAL 制式，属于中运量新交通系统。我国香港地区 20 世纪 90 年代后期建设的新机场从登机厅到机场主楼，为接运旅客也建成了一条长约 1km 采用 VAL 制式的新交通系统。

二、城市轨道交通特点

城市轨道交通有利于提高市民出行的效率，节省时间，改善生活质量，其主要特点主要表现在如下几个方面。

1. 较大的运输能力

城市轨道交通由于高密度运转，列车行车时间间隔短，行车速度高，列车编组辆数多而具有较大的运输能力。具体情况见表 1-6，由表 1-6 所述可发现，城市轨道交通的运输能力远远超过公共汽车。据文献统计，地下铁道每千米线路年客运量可达 100 万人次以上，最高达到 1200 万人次，如莫斯科地铁、东京地铁、北京地铁等。城市轨道交通能在短时间内输送较大的客流，据统计，地铁在早高峰时 1h 能通过全日客流的 17%～20%，3h 能通过全日客流的 31%。

表 1-6 单向高峰每小时的运输能力表

序号	城市轨道交通方式	运输能力（单向高峰每小时）
1	市郊铁道	6 万～8 万人次
2	地铁	3 万～6 万人次或达到 8 万人次
3	轻轨	1 万～3 万人次
4	有轨电车	1 万人次

2. 较高的准时性

城市轨道交通在专用行车道上按运行图运行，不受其他交通工具干扰，不产生线路堵塞现象，同时也不受气候影响，是全天候的交通工具，时间比较准确。

3. 较高的速达性

城市轨道交通车辆有较高的运行速度，有较高的起、制动加速度，列车停站时间短，换乘方便，乘客能较快地到达目的地，缩短出行时间。

4. 较高的舒适性

城市轨道交通运行在不受其他交通工具干扰的专用线路上，且车辆、车站等场所均装有空调、引导装置、自动售票装置等直接为乘客服务的设备，具有较好的乘车条件，舒适性优于公共电车、公共汽车。

5. 较高的空间利用率

城市轨道交通由于充分利用了地下和地上空间，不占用地面街道，能有效缓解由于汽车大量发展而造成道路拥挤、堵塞的问题，有利于城市空间合理利用，特别有利于缓解大城市中心区过于拥挤的状态，提高了土地利用价值，并能改善城市景观。

6. 较低的运营费用

城市轨道交通主要采用电气牵引，而且轮轨摩擦阻力较小，与公共电车、公共汽车相比节省能源，运营费用较低。

7. 较低的环境污染

城市轨道交通采用电气牵引，不产生废气污染；在线路和车辆上采用了各种降噪措施，产生噪声污染小。另外，城市轨道交通的发展有利于公共汽车数量的减少，因此，进一步减少了汽车的废气污染。

课题二 轨道交通系统

城市轨道交通属于集多专业、多工种于一身的复杂系统，通常由轨道路线、车站、车辆、维护检修基地、供变电、通信信号、指挥控制中心等组成。城市轨道交通的运输组织、功能实现、安全保证均应遵循轨道交通的客观规律。在运输组织上要实行集中调度、统一指挥、按运行图组织行车。在功能实现方面，各有关设备如线路、车站、隧道、车辆、供电、通信、信号、机电设备及消防系统均应保证状态良好，运行正常。在安全保证方面，主要依靠行车组织和设备正常运行，来保证必要的行车间隔和正确的行车线路。

轨道交通系统中，采用了以电子计算机处理技术为核心的各种自动化设备，从而代替人工的、机械的、电气的行车组织、设备运行和安全保证系统。如列车自动控制（ATC）系统可以实现列车自动驾驶、自动跟踪、自动调度；供电系统管理自动化（SCADA）系统可以实现主变电所、牵引变电所、降压变电所设备系统的遥控、遥信、遥测和遥调；环境监控系统（BAS）和火灾报警系统（FAS）可以实现车站环境控制的自动化和消防、报警系统的自动化；自动售检票系统（AFC）可以实现自动售票、检票、分类等功能。这些系统全线各自形成网络，均在控制中心（OCC）设中心计算机，实现统一指挥，分级控制。

城市轨道交通系统是指采用轨道进行承重和导向的车辆运输系统，设置全封闭或部分封闭的专用轨道线路，具有车辆、线路、信号、车站、供电、控制中心和服务等设施，车辆以列车或单车形式，运送相当规模客流量的城市公共交通方式。

课题三 轨道交通发展

当前，我国正处于城镇化的快速发展阶段。近年来，我国城镇化进程以每年约1个百分点的速度增长，每年有1300多万人口从农村转入城市。在此背景下，城市公共交通需求日益旺盛，发展任务十分繁重。

一、城市轨道交通发展趋势

城市轨道交通作为支撑城市正常运行的大动脉，发展迅速，正朝网络化、多元化、结构化方向稳定、安全、快速地发展。

1. 城市轨道交通持续增长

至2022年底，中国内地城市轨道交通运营线路规模突破10000km，运营城市达到55个，城市轨道交通规模持续扩大。

城市轨道交通发展现状

2. 城市轨道交通系统制式多元化发展

至2022年，中国内地已投运城市轨道交通线路系统制式达到9种，其中，地铁占比略有下降，市域快轨增长较快，中运能城市轨道交通系统稳步发展，新型低运能城市轨道交通系统研制成功并开工建设，城市轨道交通多制式协调发展。2022年城市轨道交通制式结构如图1-1所示。

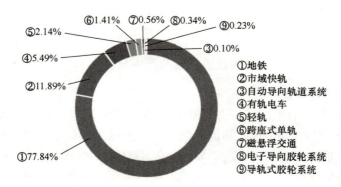

图1-1　2022年城市轨道交通制式结构

3. 安全性能逐步提高

据不完全统计，2022年共发生5min及以上延误事件717次，平均5min及以上延误率0.12次/百万车·km，同比减少40.33%。平均退出正线运营故障率0.009次/万车·km。

4. 网络化结构逐步形成

北上广线网规模达500~1000km，将形成相对完善的网络结构；南京、深圳等城市线网规模达200~500km，基本形成轨道交通网络化结构；其他城市线网规模在200km之内，将形成网络基本骨架。

二、城市轨道交通技术发展

目前，德国的动车技术系列、加拿大的动车技术系列、法国的动车技术系列等轨道交通技术代表着世界先进水平，我国轨道交通技术通过近几年的引进和开发，也基本达到世界先进水平，但关键的牵引控制技术仍以国外产品为主。

从20世纪90年代建设的上海1号线和广州1号线地铁开始，我国城市轨道交通建设广泛采用各国最新技术装备，目前已经建成了具有世界一流技术水平的城市轨道交通系统，但轨道交通技术仍处于引进、消化、吸收和创新阶段。

（1）交流传动技术　20世纪90年代前，世界各国均采用切换电阻的有级调速直流电动机系统或采用电力电子控制的无级斩波调压调速直流电动机系统。1990年，可关断晶闸管（GTO）、绝缘栅双极型晶体管（IGBT）元件出现后，发达国家地铁开始采用直-交变频、变压调速交流电动机的交流传动系统。我国从20世纪90年代开始，除上海1号线地铁外，所有新建地铁线、单轨线、轻轨线均采用IGBT模块的交流传动系统。交流传动车与直流传动车相比，用电量能降低40%；由于采用再生制动，闸瓦用量减少一半以上；车轮磨耗小，车轮更换周期延长；交流电动机维修工作量很小。

（2）转向架　地铁A型车（车宽3m）和B型车（车宽2.8m）均全面采用国际上普遍应

用的无摇枕转向架。这种转向架具有结构简单、零部件少、质量小、维修工作量少等优点。转向架采用两系悬挂减振结构，一系采用金属橡胶叠层结构，二系采用空气弹簧，并设有高度自动调整阀，通过排气和供气，自动调整车辆地板面高度，使之与站台地面相匹配。目前，地铁A型车、B型车、单轨车、低地板轻轨车等所有不同类型车辆的转向架均在国内生产。

【课外拓展】

城市轨道交通的产生与发展

1. 世界城市轨道交通的发展与历程

自从1863年1月10日世界第一条城市地铁在伦敦开通以来，至今已有一百多年的历史，目前，全世界已有40多个国家和地区的320多座城市修建了轨道交通，其中有127座城市修建了地铁；地铁线路总长度为5200km，有10多座城市的地铁运营线长度超过100km，其中，纽约443km，伦敦408km，巴黎326km，莫斯科280km，东京286km，首尔287km。

作为城市轨道交通的另一种形式——现代轻轨交通，则是在有轨电车的基础上发展起来的。1879年柏林工业展览会上展出了第一辆以输电线供电的电动车。1886年美国阿尔拉巴州的蒙哥马利市开始出现有轨电车系统，而世界上第一个真正投入运行的有轨电车系统是弗吉尼亚州的里磁门德市有轨电车系统。此后有轨电车系统发展很快，20世纪20年代，美国的有轨电车系统总长达到25000km，20世纪30年代，欧洲、日本、印度和我国的有轨电车有了很大的发展，但旧式有轨电车一般都在城市道路中间行驶，行车速度慢、噪声大。

2. 我国城市轨道交通的发展与历程

我国城市轨道交通的发展是从大城市开始的。最早建设城市有轨公共交通的是上海，其在1908年建成的有轨电车全长6.04km。第一个建设城市地铁的是首都北京。因此，上海和北京是我国城市轨道交通发展的先驱。

从1876年中国第一条营业铁路（上海吴淞铁路）诞生开始，预计到"十四五"期末，城市轨道交通运营线路规模将接近13000km，运营城市有望超过60座，城市轨道交通运营规模持续扩大，在公共交通中的骨干作用更加明显。

【思考练习】

一、填空题

1. 我国北京第一条地铁建于_____年。上海地铁1号线于1995年建成通车向社会开放。

2. 单轨通常区分为_____和悬挂式两种。

3. 狭义上的城市轨道交通特指地铁、轻轨和单轨，单轨又称_____。

4. _____是依靠磁悬浮技术将列车悬浮起来并利用直线电动机驱动列车行驶的交通工具，它分为常速、中速、高速和超高速等几种形式。

5. 轨道交通线路间的换乘主要通过站台直接换乘、_____和通道换乘三种方式来实现。

二、单项选择题

1. 城市轨道交通线路按其空间设置位置，有地下、地面和（　　）三种形式。
   A. 山上　　　　B. 高架　　　　C. 水下　　　　D. 隧道
2. 城市轨道交通中采用了以计算机处理技术为核心的各种（　　），从而使城市轨道交通运营更为可靠、安全。
   A. 机械化设备　　　　　B. 实用性设备
   C. 经济性设备　　　　　D. 自动化设备
3. 世界上第一条地下铁道于1863年1月10日首先在（　　）建成。
   A. 巴黎　　　　B. 东京　　　　C. 莫斯科　　　　D. 伦敦
4. 车站一般宜设在上（　　）。
   A. 直线段　　　B. 斜线段　　　C. 曲线段　　　D. 交叉线段
5. 城市轨道交通车站间的距离在市区宜为1km左右，在郊区不宜大于（　　）。
   A. 0.5km　　　B. 1km　　　　C. 1.5km　　　D. 2km

三、多项选择题

1. 城市轨道交通线路空间设置有（　　）三种方式。
   A. 地下　　B. 地面　　C. 高架　　D. 山上　　E. 空中
2. 城市轨道交通车站供乘客使用的部分主要有地面出入口和（　　）等。
   A. 站厅　　　　　　B. 售票亭　　　　　C. 检票处闸机
   D. 站台　　　　　　E. 自动扶梯
3. 城市轨道交通车站尽量通过短的出入口通道，将（　　）等与车站相通，为乘客提供无太阳晒、无雨淋的乘车条件。
   A. 旅游景点　　　　B. 游乐中心　　　　C. 住宅密集区
   D. 办公密集区　　　E. 工厂
4. 城市轨道交通产生了（　　）等形式多样的轨道交通体系。
   A. 城市地铁　　　　B. 轻轨　　　　　　C. 城郊铁路
   D. 自动化快速运输系统　　E. 大巴
5. 城市轨道交通设备基本上可分为（　　）等构成。
   A. 供电系统　　　　B. 车站系统运营设备　　C. 车辆和牵引供电
   D. 线路和站场　　　E. 通信和信号
6. 车站系统运营设备包括自动售检票系统、门禁系统、自动灭火系统（　　）等构成。
   A. 火灾自动报警系统　　B. 车站机电设备　　　C. 环控系统
   D. 机电设备监控系统　　E. 乘客引导信息服务设备
7. 城市轨道交通通信按功能分为（　　）和其他通信。
   A. 专用通信　　　　B. 自动电话通信　　　C. 有线广播通信
   D. 闭路电视　　　　E. 无线通信

四、判断题

1. 目前，城市轨道交通中采用了以计算机处理技术为核心的各种机械化设备。（　　）
2. 老式有轨电车由于其性能差，已经在全世界范围内被彻底淘汰。（　　）

3. 世界上第一条地下铁道于1836年诞生在英国伦敦。（　　）
4. 地铁首次采用电力牵引是从1890年开始的。（　　）
5. 有轨电车是介于轻轨交通与地铁交通之间的轨道交通系统。（　　）
6. 人们常说的地铁是由传统的有轨电车发展而来的。（　　）
7. 轻轨与地铁的主要区别在于地铁运行于地下专用隧道内，轻轨运行在高架上。（　　）
8. 世界上通车里程最多的城市是纽约。（　　）
9. 世界上最繁忙的地铁是上海地铁、经济效益最好的地铁是香港地铁。（　　）
10. 我国通车里程最多的城市是上海。（　　）
11. "规划"是研究如何从全面和长远的角度确定发展目标，并对现有资源进行优化配置，从而达到目标的理论和方法。（　　）
12. 城市轨道交通是一种技术要求高、施工难度高的"二高"系统。（　　）
13. 轨道交通系统的规划有线路规划、站点设置、环境保护等方面的内容。（　　）
14. 单轨交通与我们常见的汽车类似，由司机控制前进方向。（　　）

五、简述题

1. 简述地铁的优缺点。
2. 为什么说发展城市轨道交通是解决城市拥堵、污染的有效途径之一？
3. 简述城市轨道交通的发展历史。
4. 按照基本技术特征进行分类，城市轨道交通有哪几种类型？
5. 简述城市轨道交通系统的定义。
6. 城市轨道交通按技术经济特征来分有哪些基本形式？

单元二 乘客信息系统

乘客信息系统是在城市轨道交通既有的管理信息系统和控制系统的基础上构筑的、面向旅客出行需求的信息系统,是车站客运服务的窗口,是客运服务的形象工程。乘客信息系统可以为乘客提供全程信息服务,即从站车查询服务、引导服务、娱乐服务直到向社会延伸的相关信息服务。

【学习导入】

在人流量多的场所,为了保证这些场所次序井然,让乘客知道正在进行或将要进行的状态。正常情况下,乘客和员工需要了解运营信息、出行信息、政府公告、公益广告等,多媒体资讯,起到广播作用,如在火灾等紧急情况下,可迅速、直观、优先播放紧急疏散和防灾等文本和图像信息,以便告知和引导乘客,起到辅助防灾、救灾作用。因此,需要通过控制中心、广告编辑中心、车站控制等系统,对乘客所需信息实时编辑、制作、传递,并通过车站或车上等离子或液晶显示器,为乘客及员工提供以运营信息为主,商业广告为辅的多媒体综合信息显示。

随着无线技术的发展,Wi-Fi(基于IEEE802.11b标准的无线局域网)在轨道交通的应用,很多新的地铁线路都增设了车载乘客信息系统,它可以实时播放新闻和发送运营等信息到列车上以供乘客观看,同时实现OCC对列车车厢的监控,提高地铁运营管理能力,实现车-地信息实时传输。例如,广州的4号线地铁、北京的5号线地铁、深圳的3号线地铁等。

【学习目标】

1. 了解乘客信息系统的概念与作用。
2. 认识乘客信息系统应用的重要性。
3. 掌握乘客信息系统的组成。
4. 知道乘客信息系统的类型,会正确设置信息。
5. 正确使用乘客信息系统,牢固树立总体国家安全观,有底线思维,不泄密。

课题一　乘客信息系统概述

乘客信息系统（Passenger Information System，PIS）是集现代多媒体显示、视频广播、多媒体广告制作等多种技术手段为一体，全方位地为乘客提供优质信息服务的系统。该系统在车站出入口、站厅、电梯和扶梯的上下端口、列车车厢内等乘客可视的空间设置等离子显示器、液晶显示器、单行或多行发光二极管显示器、彩色发光二极管显示器、投影墙等现代视频显示装置，并利用这些装置进行信息展示。乘客信息系统在乘客出行过程中向乘客发布各种直观、形象的有价值的信息，提供列车到发时间、政府公告、出行参考、股票等多种资讯，从而提升轨道交通系统的服务水平。

一、乘客信息系统信息类型

乘客信息系统信息按用途主要分为如下几种类型。

1. 城市轨道交通运行信息

轨道交通运行信息主要是为了方便乘客而设置的，主要显示下一列车到站信息、列车时刻表、轨道交通票务票价信息等。这些信息可以从轨道交通相关系统（如 ATS 系统、AFC 系统等）自动获取，然后根据不同的环境特点，在站厅、站台内分别显示不同的内容。具体见表 2-1。

表 2-1　城市轨道交通运行信息

序号	显示环境	显示内容
1	站厅中轨道交通运营信息	显示当日列车时刻信息
2	售票口附近的屏幕	显示下一趟列车的到站时间、线路情况、换乘指导和票价等信息
3	站台上	显示下一列车到达时刻及后续列车运行时刻等运行信息

2. 乘客疏导信息

为使乘客安全快速地乘坐列车和进出车站，在站台、站厅和进出口处的显示终端上要实时发布乘客疏导信息，引导乘客有秩序地候车和乘车，以最便捷的路线进出轨道交通车站，同时也可起到均衡运能的作用。

3. 政府公告和公益信息

作为公众信息发布平台，乘客信息系统可以将政府的重要公告和公益信息在轨道交通环境中发布。

4. 媒体节目

通过数字电视处理技术，为乘客提供精彩纷呈的音视频节目，可以将电视台的信号接到本系统进行播放，实现节目的同步播出或录像播出。

5. 商业广告

可以将一些娱乐节目结合公益和商业广告存储起来，按照事先编排好的顺序播放，既为乘客提供优质的娱乐服务，也可取得增值收益。

6. 各类生活资讯

使乘客在候车和乘车时，获取有益的生活资讯，主要包括：

（1）天气预报　发布各地、各区域天气预报或实况等内容，为乘客的出行提供便利。

（2）周边商业信息　提供轨道交通周边的各种商业信息，在站厅和站台上介绍本轨道交通站周围的交通、商场、购物中心、餐饮、娱乐等信息。

（3）当地旅游信息　介绍旅游和乘车路线等信息，为游客提供温馨服务。

7. 临时通告和紧急通告

系统在紧急状况时播放临时的通告和警示，引导乘客。在发生火灾、地震等重大灾害需要乘客迅速逃离时，通过这个系统可以随时中断所有或部分的服务信息，播放紧急状况处理相关的信息。由于轨道交通站台和站厅内面积较大，而且内部结构较复杂，各个位置的逃生路线各不相同，本系统可以针对站台的每个位置，设置不同的逃生路线，引导乘客迅速撤离，将损失降低到最小。

8. 金融信息

系统可以将股票、外汇、期货等实时性非常强的信息在轨道交通车站进行播放，为乘客提供各类财经资讯。

9. 铁路、航班时刻表

乘客信息系统可以同铁路和民航系统连接在一起，在轨道交通中播放铁路和民航的时刻表，为乘客出行提供方便。

二、信息显示的优先级

轨道交通乘客信息系统建设的根本目的是确保乘客快速安全地到达其目的地，在保证安全运营的基础上，可以向乘客提供各类信息服务，以及通过乘客信息系统提供的信息发布平台进行商业广告的运作。因此，在乘客信息系统的设计中，应充分考虑每一类信息的显示优先级。高优先级的信息优先显示，相同优先级的信息按照先进先出的规则进行显示。按照要求，信息显示的优先级规则如下：

1）信息类型的优先级按照如下顺序递减：紧急灾难信息、列车服务信息、乘客引导信息、一般站务信息及公共信息、商业信息。

2）低优先级的信息不能打断高优先级信息的播出。比如发生紧急状况时，系统进入紧急信息播出状态，其他各类信息自动停止播出，直到警告解除，才能够继续进行播出。

3）高优先级的信息可以打断低优先级信息的播出。发生紧急情况时，系统会紧急中断当前信息的播出，进入紧急信息播出状态。系统以醒目的方式提示乘客进行紧急疏散。

4）同等优先级的信息按设定的播出时间列表顺序播出。

5）紧急灾难信息为最高优先级信息，发生紧急情况时可以终止和中断其他所有优先等级的信息。

三、信息发布方式

信息发布方式的多层次需求对信息发布的权限管理、信息显示的优先级判断提出更高的要求，尤其在紧急情况下，系统要能迅速有效地参与联动，及时向乘客发布各种疏散引导信息。

乘客信息系统在正常情况下，提供乘车须知、服务时间、列车到发时间、列车时刻表、出行参考、政府公告、管理者公告、媒体新闻、股票信息、赛事直播、气象、广告等实时动态的多媒体信息，播放供乘客休闲的娱乐性节目，使乘客安全、便捷、舒适地乘坐轨道交通。同时，在火灾、交通阻塞及恐怖袭击等紧急情况下，提供最佳通行信息，引导乘客紧急疏散，向乘客指示最佳的安全出入方向。

乘客信息系统采用了先进的图文处理技术，支持多种文字、图片、视频的显示方式，画面显示风格多样，同时支持同屏幕多区域的信息显示方式。极大地增加了各类信息的播出量，满足了不同乘客对不同信息的需求。

1. 文本显示

1) 支持多种文本格式，包括 TXT 文件、Word 文件、Excel 文件、RTF 文件、HTML 文件格式的显示、录入、保存。

2) 支持多语种文字的显示，支持简体中文、英文字符的显示。

3) 用户可以自定义文字显示的属性，包括加边、加影、字体、大小的设置。

4) 支持多种文字显示方式：底行滚动、闪烁显示、上下左右滑动、淡入淡出等效果。

2. 动画和图像显示

1) 支持 TGA 动画图像序列的导入和播出。

2) 支持 FLASH 动画的播出。

3) 支持图片格式的导入和播出，如 JPG、TGA、BMP、PS 等图片格式。

4) 图片的播出支持多种表现形式：滚屏、淡入淡出、滑像、溶像、擦除等效果。

5) 图片的大小、长宽比用户可调。

3. 视频播放

1) 系统支持多种视频媒体格式，包括 MPEG-2、MPEG-1、MPEG-4 等格式。

2) 支持中心子系统对各站的数字电视视频广播和本地视频素材的播出。

3) 视频窗口的位置和缩放可以自定义。

4) 支持多种信号源：DM 播放机、VCD 播放机、有线电视端子、现场视频直播、数字电视 DVB 接口。

4. 时钟显示

1) 支持数字式时钟显示和模拟式时钟显示。

2) 用户可以调整时钟位置、大小。

3) 用户可以自定义调整模拟时钟的指针、表盘的式样、颜色。

四、乘客信息系统功能

乘客信息系统功能很多，其主要功能如下：

1. 信息显示

1) 通过控制中心对通道子系统的控制，在指定的时间，将指定的信息显示给指定的人群，如地铁运营信息、消防信息、多媒体广告信息等。

2) 实时信息显示：播放实时视频信号（如电视台模拟或数字节目）及其他监控视频信号，在所有 PDP 及 LED 全彩屏上显示。实时信息能够通过控制中心操控包括周时间表、日时间表、节日时间表、季度时间表等。每个显示终端将根据控制中心发过来的时间表以及相关文件，根据预先编辑设定的时间表自动播放多种文件格式、日常信息，包括广告信息、定时的欢迎信息、紧急信息等。

实时信息的更新可以采用自动的方式或由操作员人为干预。实时信息包括新闻、天气、通告等。一方面通过车站操作员工作站或中心操作员工作站，操作员可以即时编辑指定的提示信息，并发布至指定的终端显示屏，提示乘客注意；另一方面操作员可以设定实时信息是否以特别信息形式或者紧急信息形式发放显示，发放高优先级的信息可以即时打断原来正在播放的信息内容，即时显示。

2. 紧急疏散

系统具备紧急疏散程序。当事故发生时，操作员通过操作工作站操控紧急程序，将指定的信息显示给人群。

（1）预先设定紧急信息　乘客信息系统可以预先设定多种紧急灾难告警模式，方便自动或人工触发进入告警模式。通过中心操作员工作站，操作员可以预先设定多种紧急灾难告警模式，如火警、恐怖袭击等，并设定每种模式的警告信息及各种警告发布参数。当指定的灾难发生时，由自动或人工触发告警系统，将乘客信息系统控制进入紧急灾难告警模式。此时，相应的终端显示屏显示发放乘客警告信息及人流疏导信息。

（2）即时编辑发布紧急信息　系统环境可能会发生非预期的灾难，并且需要乘客信息系统即时发布非预期的灾难警告信息。乘客信息系统软件可以即时编辑发布紧急信息。

通过中心操作员工作站或车站操作员工作站，操作员可以即时编辑各种警告信息，并发布至指定的终端显示屏。

3. 广告

多媒体动态广告、静态广告、网络广告，多种广告相结合方式，为地铁带来更多广告收入，同时为广告主提供更多的广告形式的选择。

系统可为轨道交通引入一个多媒体广告的发布平台，通过广告的播出，可以为轨道交通带来更多的广告收入。广告可以分为图片广告、文字广告和视频广告。广告的播出可以与其他各类信息同步播出，提高了系统的工作效率。

在广告中心子系统中，可以预先编辑好各种商业广告节目，再通过广告审片/广告管理工作站，编辑时间表指定广告节目的播放顺序及播放位置，最后将时间表和广告节目数据发布至指定终端显示屏。

时间表播放机制包括：周时间表、日时间表、节目时间表。

商业广告的多媒体播放方式支持：DVD 视频播放、VCD 视频播放、AVI 和 GIF 等动画效果播放、文本动画显示、图像动画显示、网页显示、常用文件播放显示。

4. 集中网管维护功能

为了确保系统的正常运行，乘客信息系统提供了完备网管功能。控制中心设置的中心服务器可实时监控各终端节点（PDP，LED）的状态，车站服务器管理各自车站的乘客信息系统（PDP，LED）。中心网管工作站提供基于地理位置分布图的管理界面，动态显示系统各设备的工作状态，实时监控系统、实现智能声光报警，并能自动生成网络故障统计报表，智能分析故障，以减少各个车站维护人员的设置。

5. 全数字传输功能

整个乘客信息系统从中心信号采集开始就采用全数字的方式，经过视频流服务器处理和 IP 网关的封包，转换成 DVB-IP 数据包进入 SDH 传输网传输，经过 SDH 传输网传输的数字视频流信号在被车站设备接收后直接通过 PDP 显示控制器和 LED 显示控制器解码，转换成数字 DVI 视频信号进行显示。

6. 定时自动播出的功能

乘客信息系统可以提供一套完整的定时播出功能。信息的播出可以采用播出表播出的方式，系统可以根据事先编辑设定好的播出列表自动进行信息播出。播出列表可以日播出列表、周播出列表、月播出列表的形式定制。

7. 多区域屏幕分割功能

等离子屏幕可根据功能划分为多个区域，不同区域可同时显示不同的各类信息。文字、图片和视频信息可分区域同屏幕显示，不同区域的信息可采用不同的显示方式，以吸引更多的观众。播出的版面可以根据轨道交通的不同需要而随时进行调整，各子窗口可以独立指定时间表。通过时间表的控制，每一子窗口可以单独显示列车服务信息、乘客引导信息、商业广告信息、一般站务信息及公共信息、多媒体时钟等，同时也可对某个信息进行全屏播放。播出区域可达到 10 个以上，极大地增加了信息的播出量，可以给观众耳目一新的感觉。

五、乘客信息系统结构

从系统结构上，地铁乘客信息系统由 5 大子系统组成，如图 2-1 所示，可分为中心控制系统、车站系统、车载系统、网络系统、电源系统，按照"两级管理，三级控制"方式来组织，可实现对整个乘客信息系统的集中式监控。

两级管理：第一级是中心控制系统（OCC）（完成对所有车站、列车的监视和控制），第二级是车站系统和车载系统。网络系统用于连接三个级别，电源系统为整个系统提供电力。

三级控制分别是：中心播出控制层，负责对车站、列车核心设备（服务器）的控制；车站播出控制层，负责车站、车载核心设备（服务器）对下辖范围内的其他设备（播控设备等）的控制；播出终端控制层，负责播控设备对终端显示屏等现场设备的控制。

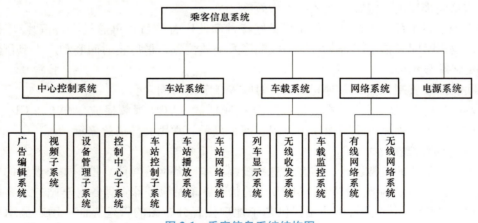

图 2-1　乘客信息系统结构图

1. 中心控制系统

中心控制系统是整个系统的神经中枢。运营人员通过中心控制系统，实现各类媒体数据的整理、定制、发布和推送，监控系统的运行状态，收集列车的播放记录，完成系统数据库的存储、备份和维护等操作。

中心控制系统主要负责外部信息流的采集、播出版式的编辑、视频流的转换、播出控制和对整个乘客信息系统设备工作状态的监控一级网络的管理。主要设备有：中心服务器、视频流服务器、中心操作员工作站、中心网管工作站、播出控制工作站、数字电视（DVB-IP）设备、外部信号源和集成化软件系统等。同时，中心控制系统还提供多种与其他系统的接口。

整个控制中心设备构成了一个完整的播出和集中控制系统。控制中心局域网设计双网络结构，中心设置三层以太网交换机，使控制中心的乘客信息系统设备连接成一个系统。

乘客信息系统中心控制系统可以向全线统一发布数据（视频、图片、文本等）和指令，也可以选择指定的车站或列车进行发布。所有车站、列车、停车场和车辆段的计算设备具备自检功能，向控制中心系统汇报自身的工况并接收控制中心系统下达的指令，实现全线乘客信息系统的设备监控。

控制中心操作员具备全局权限，可对所有车站、列车的设备和系统进行监控，各车站、列车的操作员仅对各自范围内的设备和系统拥有监控权限。

中心控制系统通过有线网络系统与各车站相连，中心控制系统至列车的信息传输采用无线方式。

在乘客信息系统的数据组织方面，车站和控制中心的服务器中均安装商业关系型数据库。数据库支持集群和热备两种模式，能有效应对海量数据的存储、处理和分析压力。

在业务上，数据库用来保存业务数据和系统状态。数据库的存在确保了车站系统或列车子系统能够在通信中断的情况下独立运行，并在恢复通信的情况下保持数据的实时同步性。

整个乘客信息系统的数据采用数据库管理系统的实时事务复制来同步和汇聚中心控制系统、车站的各类信息。

2. 车站系统

车站系统通过传输通道转播来自控制中心的实时信息，并在其基础上叠加本站的信息，如列车运行信息和各类个性化信息等。主要构成为：车站数据服务器、车站播控服务器、车站操作员工作站、屏幕显示控制器、网络系统和集成化软件系统等。

车站系统包括一台车站服务器、一台车站操作员工作站、一台接口服务器和相应数量的显示屏控制器（根据车站不同，乘客信息系统覆盖的区域不同，显示控制器的数量不等）、网络设备、显示屏等，其中显示屏主要是 LED 显示屏和 LCD 显示屏。车站系统可以播出自行编制的内容和通过传输通道转播来自控制中心的实时信息，也可在其基础上叠加本站的信息，如列车运行信息、各类个性化信息等。车站操作员工作站、车站服务器、接口服务器和显示控制器分别接入车站交换机，建立成车站局域网；根据轨道交通实际情况，其中车站操作员在车站综合控制室内工作，车站服务器、接口服务器、显示控制器、接口模块和传输设备均位于专用通信设备室乘客信息系统机柜内，各显示屏分别安装在不同的运营区域：站厅、站台层上下行、出入口、换乘通道、站厅环形显示屏。

每个车站站厅两端各设置触摸查询机，为乘客提供行车指南，如果自动售检票系统设置了查询机，可以考虑与乘客信息系统的查询机功能合并，统一设置。通过中心控制系统和车站系统的控制，在指定的时间，将指定的信息显示给指定的人群。显示屏幕可提供显示服务，也为时间显示系统提供后备支援。显示方式支持数字和模拟时钟两种方式。该设备的系统能够兼容多种信息显示设备，如 PDP、LCD、LED、电视墙、投影机等，并支持多语言，具有网管功能。

3. 车载系统

车载系统包括列车显示系统、无线收发系统和车载监控系统，实现高速车地传输、时钟同步、客室信息发布显示等功能，包括无线接入点（AP）及天线、车载无线客户端及天线、客室显示屏控制器、车载视频播放控制器等设备。

4. 网络系统

网络系统分为有线网络系统和无线网络系统两部分。

（1）有线网络系统

1）有线网络系统是为乘客信息系统提供控制中心与车站间数据信号和控制信号传输的通道。它主要提供车站设备与控制中心服务器间的通信。通过组建一个典型的 IP 网络来传输从控制中心到各车站的各种数据信号和控制信号。

2）有线网络主要有如下方案：利用通信传输网提供的通道组网，在城市轨道交通中建设 2.5G 光纤传输网，为城市轨道交通中其他传输提供数据传输通道。乘客信息系统可根据自身网络需求，提出所需带宽，由通信传输网提供传输通道，从而组成乘客信息系统数据传输的有线网络。乘客信息系统只需在控制中心和车站、车辆段、停车场设置交换机等网络设备。本方案由于传输通道由通信专业提供，乘客信息系统视频流的实时性传输取决于通信专业的 QoS 保证；同时最大传输带宽受限，扩容受限。

（2）无线网络系统

1）概述。无线网络作为有线局域网的延伸，提供了地面与列车的通信，满足列车视频及信息的双向传输。无线网络系统（Radio Network Subsystem，RNS）包括在接入网中控制无线电资源的无线网络控制器（RNC）。RNC 具有宏分集合并能力，可提供软切换能力。每个 RNC 可覆盖多个 NodeB（一种与基站收发信台等同的逻辑实体，受 RNC 控制，提供移动设备和无线网络系统之间的物理无线链路连接）。同样，基站系统（BSS）由基站控制器构成，基站控制器控制一个或多个基站收发信台，与 NodeB 不同，每个 BSS 对应于一个蜂窝。

2）无线通信网络的传输及带宽要求。根据车载乘客信息系统的功能，要求移动的列车与地面之间具有实时数据传输的能力，在列车高速运行下，应保证图像质量，不会出现马赛克、中断等现象，无线通信系统应能支持快速移动通信及漫游切换。

3）无线通信网络技术。

① 802.11 无线局域网技术。由 IEEE 制定的 802.11 无线局域网标准规定了客户端与基站或接入节点（AP）间的空中接口，以及两个客户端设备间的接口。

网络拓扑结构支持包括点对点（客户端之间）和点对多点结构（集线器）的通话。使用直接序列扩频（DSSS）或跳频（FHSS）技术，工作在 2.4GHz ISM II 频段。其中 802.11b 定义了 11 个信道，同时有 3 个不重叠（即不相互干扰）的信道可以选择。最大突发数据率是 11Mbit/s。802.11b 工作于单信道媒体接入控制（MAC）层，即在一个 AP 上，所有的用户都使用同一个无线信道，并承载着所有的系统开销、信令信息和用户数据。

② WiMAX 无线宽带接入技术。WiMAX 作为一种新兴的无线宽带接入技术，具有大带宽、广覆盖、可移动、非视距传输等优势，802.16 标准是为在各种传播环境（包括视距、近视距和非视距）中获得最优性能而设计的。即使在链路状况最差的情况下，也能提供可靠的服务。采用 OFDM 调制方式，可以在 2~40km 的通信距离上支持高频谱效率，在一个射频内速率可高达 75Mbit/s，可以采用先进的网络拓扑（网状网）和无线技术（波束成形、STC、天线分集）进一步加强覆盖。这些先进技术也可用来提高频谱效率、容量、复用以及每射频信道的平均与峰值吞吐量，具有支持较长距离传输和处理多径或反射的能力。

③ 技术比较。802.16 标准工作在 3.5GHz 宽带无线固定接入频段和 5GHz 的公共频段，传输带宽大、距离远，目前价格较高。WLAN 技术成熟，加之它能有效地克服移动性及自由频段带来的抗干扰问题，有着较广泛的应用环境，目前在轨道交通行业的信号系统、乘客信息系统得到广泛的应用，设备性价比高。

4）无线网络构成。无线网络设备包括在轨旁设置的无线接入点（AP）和天线、在停车场和车辆段的停车库内的无线接入点（AP）和天线，在控制中心的 WLAN 控制器，以及列车上的车载无线单元和天线。无线网络基本架构如图 2-2 所示。

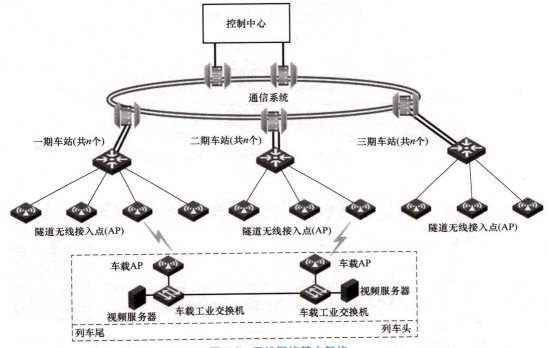

图 2-2 无线网络基本架构

在全线轨旁设置的无线接入点（AP），通过单模光纤连接至车站以太网交换机；在控制中心设置无线网络的无线交换机，管理和控制本线无线网络，中心 WLAN 控制器通过有线网络与车站以太网交换机相连；在列车两端司机室各设置一套车载无线单元和天线，以达到在全线范围内实时无缝地在列车与地面间传递图像和数据的目的，可以实现快速切换。布置原则如下：

① 隧道内，每间隔 200m 布放 1 套 AP 和天线（遇到弯道处需要增加布点）。
② 每套 AP 的覆盖半径要求是 150m。
③ 区间隧道的 AP 通过铺设的光缆分别接入相邻车站，组成链路冗余星型网络。
④ 由于隧道环境复杂，设备多，会产生一定的电磁干扰，除采用定向天线外，还需要将天线安装在金属箱内，有效屏蔽区间隧道内强电系统设备对 PIS 设备产生的电磁干扰。

六、列车乘客信息系统与地面信息的通信

地铁列车乘客信息系统主要由列车广播、车载视频监控、多媒体播放、车站动态地图、

LED 显示屏等子系统组成。列车乘客信息系统除了满足基本的多媒体播放、广播、视频监控功能外，能独立满足自身系统的车内视频监控、多媒体播放、司机乘客广播、对讲等功能，另外还需要和另一大系统——地面乘客信息系统设备相互连接，才能实现信息互动。地面乘客信息系统可通过车地通信网络传输并播放乘客须知、媒体新闻、广告等实时动态信息。带宽富余情况下，地面乘客信息系统还能与列车乘客信息系统相结合，将车辆内部图像、车辆故障信息等实时上传到控制中心，充分保障列车的行车安全。

典型的地铁乘客信息系统组成及工作原理如图 2-3 所示。

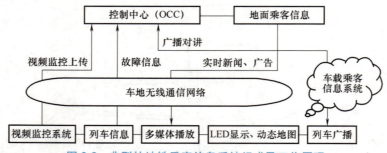

图 2-3 典型的地铁乘客信息系统组成及工作原理

课题二 乘客信息系统运行模式

乘客信息系统运行模式

乘客信息系统运行模式主要包含如下几种。

1. 正常播放模式

系统正常模式工作状态是指系统由控制中心直接组织信息播放并控制终端显示设备，车站系统在接收同步播放列表和节目内容的同时进行热备份。

2. 准实时播放模式

当本系统使用的信道受到干扰或其他原因导致车载系统无法与地面进行不间断实时高速通信时，车载系统进入准实时播出模式。车载子系统在列车进站停靠期间或车辆回库期间，通过采取有效的准实时传输设备或必要的手段在非移动的情况下自动高速传输并预存一定时间的显示信息，供车载系统组织播出，以保证列车在整个运行期间，播出节目不间断。

3. 录播模式

车辆运营时，车载系统按照预存的素材和播放列表自行组织播放，在正常情况下预存的素材和播放列表可在列车在线运营时利用富余无线带宽接收下载。车载设备同时应提供相关接口，能够使列车在入库后在线或通过移动存储设备下载素材和播放列表，至少满足次日播放要求。

4. 降级模式

当控制中心故障或网络通信中断以及系统检测到非法入侵时，受到影响的车站子系统迅速自动转入降级模式，按已接收到的播放列表和节目内容自行组织播放；通信中断的车载子系统也应按预定义节目内容迅速自行组织播放。

5. 单点故障模式

单点故障模式是指当个别终端显示设备与系统通信中断时，通信中断的终端设备按照无输入显示方式运行,其余设备按照原有模式运行。

课题三　乘客信息系统接口

一、乘客信息系统接口类型

1. 与传输系统的接口

传输系统为乘客信息系统提供控制中心、车站、停车场和车辆段组网用光纤,接口位置在控制中心、车站、停车场和车辆段通信设备室的光纤配线架上。传输系统为乘客信息系统提供 AP 接入光缆在区间的安装托架。

2. 与集中告警系统的接口

乘客信息系统与集中告警系统之间的接口方式为以太网接口。乘客信息系统与集中告警系统在控制中心互联,接口为 100M 以太网,分界点在乘客信息系统网管的通信出口。乘客信息系统向集中告警系统提供的数据主要是设备状态和设备故障报警信息。

3. 与广播系统的接口

乘客信息系统与广播系统的接口,采用串行接口或二次无源节点,处于车站广播系统设备的接线端外侧,传输方向为单向传输,从广播系统到乘客信息系统。广播系统向乘客信息系统传递广播关闭控制信息。车站系统根据来自广播系统的信息,控制车站乘客信息设备的伴音音量。当车站广播系统在某区域播音时,弱化或关闭乘客信息系统在该车站相应区域的伴音,当车站相应区域的广播停止后,恢复乘客信息系统伴音播出。

4. 与时钟系统的接口

时钟系统在控制中心留有与乘客信息系统的接口,接口方式为标准 RJ45,时间信息格式由时钟厂商提供。接口位置在控制中心通信设备室综合配线架上。

5. 与闭路电视监视系统的接口

乘客信息系统与闭路电视监视系统的接口方式为模拟视频接口。其接口位置在控制中心通信设备室综合配线架上。

6. 与动力照明的接口

乘客信息系统按一级负荷供电,由动力照明系统引接两路独立交流电源接至专用通信机房双电源切换箱,双电源切换箱由动力照明系统提供,接口位置在双电源切换箱下口。

7. 与综合监控系统的接口

乘客信息系统与综合监控系统之间的接口方式为以太网接口。综合监控系统与乘客信息系统在控制中心、车站操作界面集成,接口分界点在控制中心、车站通信专业综合配线架外线侧。综合监控系统发送给乘客信息系统的显示信息包括:显示范围、显示内容、优先级、是否允许等待及允许等待时间等参数。乘客信息系统对应回送应答接受或拒绝信息(含拒绝原因),然后返回执行结果(已执行、已取消或被中断)。综合监控系统提供由信号系统获取的车辆运行信息给乘客信息系统。

8. 与车辆的接口

车辆负责提供乘客信息系统车载设备安装位置、乘客信息系统设备的供电、LCD 显示屏(含音箱)的保护罩、乘客信息系统设备安装及提供连接线缆。

9. 与火灾自动报警系统的接口

乘客信息系统与火灾自动报警系统的接口位于各车站的车站服务器，控制中心无接口。接口位置在乘客信息系统车站服务器，采用硬线接口。火灾自动报警系统在每个车站通过该接口提供火灾及火灾接触触发信号，乘客信息系统收到触发后，自行处理，并进行相应的显示。

10. 与自动售检票系统的接口

乘客信息系统与自动售检票系统在控制中心接口，乘客信息系统中心交换机与自动售检票系统的线路中心通过以太网接口连接实现提取票价等信息，也可采用离线外部导入的方式，实现票价信息在乘客信息系统查询机上的显示。

11. 与其他信息源的接口

乘客信息系统的音视频矩阵同无线电视、非数字有线电视的接口为 BNC 同轴电缆。乘客信息系统中心服务器采用以太网接收文字新闻、天气预报、股市行情、数字地图、公交轨道交通换乘信息等。接口位置设置在控制中心服务器和音视频矩阵的设备连接处。

12. 与土建及装修的接口

土建及装修为乘客信息系统的通信、电力线管、槽的敷设和设备基础安装提供条件，预留乘客信息系统所需的孔洞以及乘客信息系统设备安装后的收口作业。土建专业按乘客信息系统的要求对设备用房进行布置、装修并满足设备载荷需求。

二、乘客信息系统接口界面

1. 系统接口界面设计方案描述

列车乘客信息系统（含车载视频监控子系统和媒体播放子系统）的分工界面有以下 3 种方案。

方案 1：列车乘客信息系统主要由车辆厂家负责集成、采购和安装，其分工界面如图 2-4 所示。

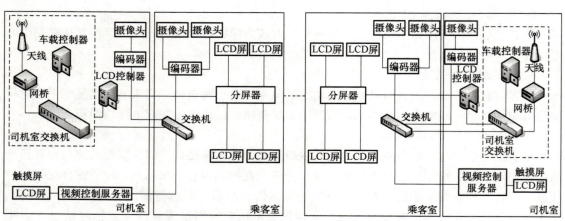

图 2-4 列车乘客信息系统的分工界面

虚线框内的无线网桥、天线、车载控制器和驾驶室交换机由地面系统集成商提供，其余车载设备均由车辆厂家提供。另外，为了实现车载视频监控图像上传到地面控制中心，车辆还需要在地面控制中心配置相应的解码器及软件为地面闭路电视监控（CCTV）系统提供视频信号。

方案2：与方案1的差别在于，虚线框内的无线网桥和天线由地面乘客信息系统供货商提供，其他设备如车载控制器和驾驶室交换机等均由车辆厂家提供。

方案3：列车乘客信息系统全部由地面系统集成商负责集成、采购和安装，实际将方案1中属于列车乘客信息系统的部分设备（LCD控制器、视频服务器、监控设备、LCD显示屏等）统统放入了地面乘客信息系统招标。

2. 系统接口界面方案比较分析

方案1、方案2是目前业内普遍应用的分工界面方式，其优点主要包括如下几个方面。

1）列车乘客信息系统是一个独立系统，其与地面系统之间依靠一个简单无线网络的网络接口完成连接。一旦列车乘客信息系统的终端出现故障，只需断开与无线网络的网络接口即可进行故障排查。此时，如果列车乘客信息系统正常工作，则可以很容易判断是无线网络或地面系统出现了故障。

2）车辆环境与地面环境不一样，有持续的振动冲击以及复杂的电磁环境。列车乘客信息系统由车辆厂采购和安装，则车辆厂会选用专业的列车乘客信息系统供应商，在产品技术、质量上会严格按照地铁车辆标准进行把控，使之符合行业标准。

3）此两方案中，需在招标文件中要求车辆要在地面控制中心配置相应的解码器及软件，以实现车载视频监控图像上传到地面控制中心。

相比方案2，方案1的出发点是因为各个厂家播放信号加密传输格式不同，车载控制器和驾驶室交换机由地面乘客信息系统提供（车辆负责安装），以保证和地面媒体传输服务器之间接口、协议由同一家供货商处理。车上系统则只从接口服务器接收协商好的标准数据流，无线系统有故障时列车媒体播放系统自动切换到预录播方式。

方案3是目前一种新的分工界面，此方案将地面乘客信息系统和列车乘客信息系统在一起招标，减少车载视频监控图像上传到地面控制中心的接口协调问题，在实际的运用案例中，主要体现的不足包括如下几个方面。

1）地面系统总包如果仅出于成本的考虑，而忽视车辆与地面环境的不同，选择一些没有应用案例的非专业列车乘客信息系统供应商，将导致产品技术、质量上无法保证。

2）由于车辆厂和地面系统集成商没有合同关系，车辆厂无法约束地面系统集成商，一旦地面系统集成商选择了一家没有业绩的供货商，可能导致其列车乘客信息系统在产品技术、质量、配合上严重不足，项目执行相当困难。

地铁列车乘客信息系统的界面划分是一个与时俱进的工作，即便是当前较为合理的划分，也会受限于厂家的技术水平。随着此行业的不断发展，将地铁列车乘客信息系统逐渐纳入到整个地铁乘客信息系统中，与地面系统形成一个高互动、高实时性的整体，更好地为乘客带来方便、快捷的服务。

课题四　乘客信息系统发展

一、乘客信息系统发展现状

1. 国外发展现状

从20世纪90年代起，随着信息技术的迅猛发展，日本、法国、意大利以及英国等国家都采用先进的计算机和网络技术开发人性化的铁路乘客信息系统，各国铁路运输企业建立了完全由计算机管理的乘客信息系统，实现了列车的到发、中转、停靠站台、售票和列车运行信息以及乘客休闲娱乐信息等的自动发布和交互式查询。乘客信息系统由传统的只提供单向静态客运服务信息的方式，发展为动静结合、实时发布、异地联网、交互查询的乘客信息系统。

2. 国内发展现状

我国在铁路系统已成功启动了一批大型信息系统，如铁路客票发售与预定系统、铁路运输调度指挥系统、运输管理信息系统等。随着电子信息技术与网络通信技术的发展，车载乘客信息系统从传统的基于总线式控制、模拟音视频传输的模拟平台解决方案，发展到现在的基于千兆以太网通信、数字化音频和多媒体技术相结合的全数字化解决方案。

地面乘客信息系统（简称地面 PIS）是城市轨道交通乘客信息系统（PIS）整体解决方案的地面部分。地面 PIS 依托于多媒体网络技术，以计算机系统为核心，为乘客提供乘车须知、列车首末车服务时间、列车到站时间、列车时刻表、管理者公告等运营信息及政府公告、媒体新闻、赛事直播、广告等公共媒体信息，共同协调使用；在紧急情况下，地面 PIS 本着运营信息优先使用的原则，可提供动态辅助性提示，在火灾、阻塞及恐怖袭击等非正常情况下，提供动态紧急疏散提示。地面 PIS 使乘客通过正确的服务信息引导，安全、便捷地乘坐轨道交通。

为适合我国轨道交通建设发展的需要，规范轨道交通乘客信息系统运营、建设、改造等过程，建设结构清晰、分工明确的轨道交通乘客信息系统，如北京市交通委出台了《北京市轨道交通乘客信息系统应用规范》，以提高轨道交通乘客信息系统建设实施管理水平、降低总体建设及运营成本，为乘客提供规范统一的信息服务。此规范是在遵循国家规定交通行业相关标准规范、广泛开展调研、借鉴国内外相关技术标准，总结北京市轨道交通乘客信息系统建设和运营管理经验，充分考虑网络化运营发展和技术趋势的基础上，综合编制而成的。它分为《业务规则》和《技术规范》两部分，明确规定了乘客信息系统的系统架构、接口及处理流程，其中《业务规则》规定乘客信息系统的业务规则和流程，《技术规范》规定系统建设与实施标准。规范明确要求，一是既有线路乘客信息系统的终端显示界面应按照《业务规则》中关于终端界面显示的要求进行整改；二是对于多线路共用乘客信息系统（MPIS）建设完成之前的在建线路，乘客信息系统终端显示界面应按《业务规则》中关于终端界面显示的要求建设，并预留接入 MPIS 及 TCC-PIS 条件；三是对于 MPIS、TCC-PIS 建设完成的新建或改造线路应完全按照本规范要求进行建设。

二、乘客信息系统发展趋势

国民经济的高速发展，加快了城市化的进程，城市轨道交通这种安全、舒适、快捷、准时、环保的大运力交通工具正在飞速发展，随着互联网云计算的崛起和移动通信技术的升级，乘客对信息更加多元化的需求将被满足，移动互联网将缩短列车与地面之间的通信时间，深度的车地互连互操作成为发展趋势，乘客信息系统将成为一套涵盖地面中心、车站、车辆段（停车场）和车载设备的完整的系统解决方案。

1. 显示终端

未来的信息种类将会越来越多，信息显示的方式也会多种多样，除图像、文字、声音外，还将有大量的流媒体等多种信息的显示，因此大量视觉和画质良好、更经济美观的显示终端设备将被大量采用。

2. 信息形式

动态信息在我国起步较晚，乘客目前出行过程中仍以查交通图，向有关人员咨询等方式为主，因此，应加大动态信息的宣传和普及力度。针对国际化大都市人口密度较大，轨道交通网络化发展趋势，未来将采用综合考虑多元信息融合技术的单点和均衡流量控制策略，以人流疏导控制为核心，结合区域内显示器的信息联动发布，开发区域联动控制技术。

3. 线路间关系

目前，国内外的乘客信息系统大都控制单条线路或某公司所管辖的线路，由于线路与线路之间可能会存在换乘或最佳路径选择，为乘客提供一个良好的信息平台是轨道交通发展的必然趋势。因此，现代的乘客信息系统应具有网络化的特点，乘客信息系统的各子系统应能实现信息互通、资源共享。

4. 发布方式

随着城市信息化进程的加快，乘客信息系统信息发布的方式也将多元化。多元化的特点主要体现在获取方式多元化和信息发布多元化。

5. 控制模式

目前的乘客信息系统以控制中心为数据源，分级地通过网络传输到各个终端。这种架构存在一个对网络传输过分依赖的弱点，因此应为显示终端设备提供一个智能化的自愈（是指设备在故障修复后，自动恢复到正常工作状态）型嵌入式设备以降低这种风险。

6. 系统标准

统一化的标准能够对系统的维护和管理提供便利，标准化特点包括以下几个方面。

（1）支持现有的标准　随着需求的提高和管理的规范，未来乘客信息系统将会出现专门、完整的系统标准，且支持现有标准。

（2）统一的数据规范　未来的乘客信息系统将实现统一的数据规范，包括数据定义规范、数据格式规范、数据结构规范等。

（3）标准化的网络架构　由于系统方案具有网络化、多元化等特点，所以网络的架构标准是至关重要的，不同的网络化体系架构将使得系统满足不同的功能特点。

（4）规范化的硬件接口　当前的硬件接口种类很多，他们使用场合不同，标准也不相同。使用规范化的硬件接口标准也将是未来乘客信息系统的一个特点。

（5）无缝整合　不同功能子系统、不同线路或轨道交通公司系统间的整合应该尽可能地缩小差距，以达到无缝整合的目的。

 课题五　乘客信息系统设计原则

系统方案在整体设计与规划方面，应充分考虑方便实用性、系统安全性、技术先进性、扩展兼容性、节能环保性、稳定可靠性等，系统设计过程中应遵循图 2-5 所示设计原则。

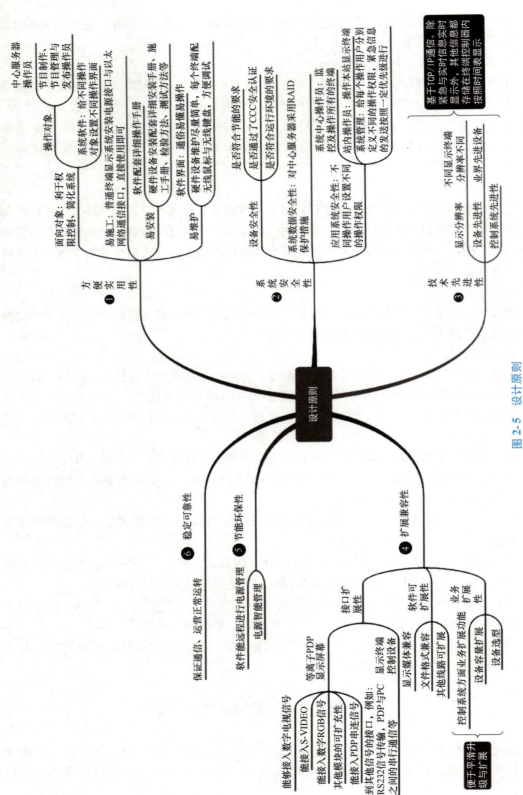

图 2-5 设计原则

【任务实践】

1. 参观要求

设计好学习目标和学习内容，组织学生去地铁或动车车站参观，通过参观能正常运行的地（高）铁车站或火车站，完成如下内容的工作。

1）了解乘客信息系统的组成，认识什么是乘客信息系统。

2）了解自动售检票系统的基本组成和层次结构，能根据实际情况绘制层次结构图，并说明各个层次的作用和功能。

3）写出在所参观的车站中使用了乘客信息系统中哪些功能，哪些显示信息，显示了哪些方面的信息。

2. 根据参观情况，绘制观察到的车站布局示意图

以作业形式提交绘制的车站布局示意图。

 【课外拓展】

阅读地铁乘客信息系统（以上海地铁运营科技发展有限公司为例）相关内容，解决如下问题：

1）谈谈地铁乘客信息系统使用了哪些网络技术，主要应用的网络设备有哪些。

2）该地铁乘客信息系统主要包含哪些部分？信息是如何交互的？

1. 网络拓扑结构

该公司地铁乘客信息系统网络拓扑结构如图 2-6 所示，具体描述如下。

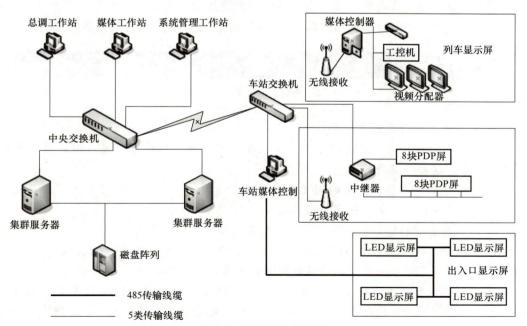

图 2-6　网络拓扑结构图

整个网络采用 100M 光纤以太网，包括 1 个中央交换机、9 个小交换机和光纤收发器及相关外设。由于系统将传输大量图像和数据信息，因此，信号传输采用点对点传输方式，以保证系统工作的长期稳定。各站台局域网为有线计算机网络，通过站内局域网布线系统沟通。列车信息传送采用无线局域网方式，车厢内为列车总线的有线传输方式。

2. 站台多媒体系统

站台营运信息由 ATS 服务器提供，经数据中心解码，通过光纤传输到站台通信机房，由通信机房经站台传输主线缆传输到站台设备间交换机。

多媒体数字信号由数据中心服务器上传经光纤到达站台通信机房，再经传输主线缆传输到站台设备间交换机。

营运信息和多媒体数字信号通过交换机到达中继器和 EMC-SB，中继器连接站台 AP 通过反馈天线和车辆 EMC 天线实施数据交互；EMC-SB 经过 VGA 线缆到达一级视频分频器到屏幕和信号延长器的近端，远端通过 5 类线获得近端的信号，通过 VGA 线缆传输到二级分频器到达屏幕。

地下：由于地下车站上、下行一体，所以中继器安装位也很灵活，可以定在站台上下行中央位置。

地面：因为地面车站上、下行分开，所以中继器安装位放置在车站顶篷。在确保对设备没有不良影响的情况下，可以由运营管理公司及建设投资方确定安装位置。

3. 车载多媒体系统

媒体控制器提供输出数字视频信号，通过一根网络信号线缆依次传送到每一节车厢的交换机内，由交换机分配到本节车厢解码器及下一节车厢，通过解码器把数字信号解码成模拟视频信号输出到视频分配器，再由视频分配器把视频信号分配到各显示屏。

4. 广播系统

将乘客信息系统的声音播放和车站广播控制系统连接，并将声音由车站广播统一控制。对车站广播控制终端进行改造，增加输出控制能力，增设与乘客信息服务系统的接口。

【思考练习】

一、填空题

1. 乘客信息系统的英文简称是_____。

2. 在站台、站厅和进出口处的显示终端上要实时发布乘客疏导信息，引导乘客有秩序地候车和乘车，这些信息指的是_____。

3. 乘客信息系统采用了先进的图文处理技术，支持_____的显示方式，画面显示风格多样，同时支持同屏幕多区域的信息显示方式。

4. 乘客信息系统的信息中，_____信息发布的优先级最高。

5. 当控制中心故障或网络通信中断时，受到影响的车站系统迅速自动转入_____，按已预先定义的应急播放列表和本地存储的节目内容自行组织播放。

6. 个别列车车载显示设备与系统通信中断时，通信中断的列车按照预先定义的应急播放列表和本地存储的节目内容自行组织播放。其余设备按照原有模式运行。这种情况是属于乘客信息系统运行模式的_____。

二、单项选择题

1. 下列信息类型中，优先级最高的是（　　）。
   A. 紧急灾难信息　　　　　　　B. 列车服务信息
   C. 乘客引导信息　　　　　　　D. 商业信息
2. 乘客信息系统在火灾、阻塞、恐怖袭击等情况下，提供（　　）。
   A. 列车时间信息　　　　　　　B. 紧急疏散指示
   C. 乘客引导信息　　　　　　　D. 政府公告
3. 换乘通道口乘客信息系统显示（　　）。
   A. 本线和换乘线路实时运营状态信息
   B. 检验票机当前的工作状态
   C. 实时运营信息、换乘车站的实时运营信息
   D. 实时运营信息

三、判断题

1. 车站标识设置形式主要有吊挂式、落地式等。（　　）
2. 导向标识是用于标明某设施或场所的标识。（　　）

四、简述题

1. 乘客信息系统的运行模式主要包括哪些？
2. 乘客信息系统通常要用到的接口主要有哪些？

03

单元三　城市轨道交通安全常识

近年来,城市轨道交通的建设和使用进入井喷阶段,客流负荷不断提高,城市轨道交通规模不断扩大,已建好的需要扩建,未建设的大型城市都在加紧建设。任何一个环节的安全都是城市轨道交通关键的一环。

城市轨道交通安全的含义非常广泛,涵盖了乘客从入站到出站的全过程。涉及设备的使用安全、运营安全、财产安全、人身安全等。

【学习导入】

城市轨道交通系统一般是半封闭的空间,具有隐蔽性、封锁性、人员和设备高密度集中等特点。如果出现安全问题,人员疏散和救援困难。因此,需要提高安全意识,增强对安全常识的了解,防患于未然,降低不安全因素出现的概率。

自动售检票系统的设备涉及强电、弱电及操作安全等方面的安全问题,如果因设备质量、技术故障或操作不当,导致设备无法按时正常运行或损坏等,会造成秩序混乱,甚至影响运营安全。在本单元中主要针对自动售检票系统中有可能出现的安全问题进行阐述,以避免上述问题的出现。

【学习目标】

1. 了解用电安全和接地防护措施,具备电工的基本常识,能规范操作,做好用电安全防范,尽量减少隐患。
2. 了解常见城市轨道交通系统设备检修和防护的安全常识,正确选择和准备工具。
3. 掌握设备运行的安全常识、不违规操作。
4. 提高安全防患意识、做好应急响应措施,牢固树立"安全第一、预防为主"的思想。

课题一　数字电路基础

数字信号是由一系列逻辑"0"和逻辑"1"组成的跃变信号。用数字信号完成对数字量进行算术运算和逻辑运算的电路称为数字电路，或数字系统。由于它具有逻辑运算和逻辑处理功能，所以又称为数字逻辑电路。现在的数字电路由半导体工艺制成的若干数字集成器件构成。逻辑门是数字逻辑电路的基本单元，存储器是用来存储二进制数据的数字电路。从整体上看，数字电路可以分为组合逻辑电路和时序逻辑电路两大类。数字电路广泛应用于电子计算机、通信、电子工程、数字式仪表和数控装置中。

逻辑代数是分析与设计数字电路的数学工具，学习数字电路应掌握一定的逻辑代数的知识。

一、数字电路的划分

1. 按功能划分

数字电路按功能划分，可分为组合逻辑电路和时序逻辑电路两大类。

组合逻辑电路在任何时刻的输出，仅取决于电路此刻的输入状态，而与电路过去的状态无关，它们不具有记忆功能。常用的组合逻辑器件有加法器、译码器、数据选择器等。

时序逻辑电路在任何时候的输出，不仅取决于电路此刻的输入状态，而且与电路过去的状态有关，它们具有记忆功能。

2. 按结构划分

数字电路按结构划分，可分为独立元件电路和集成电路。

独立元件电路是将独立的晶体管、电阻等元器件用导线连接起来的电路。

集成电路是将元器件及导线制作在半导体硅片上，封装在一个壳体内，并焊出引线的电路。集成电路的集成度是不同的。

二、逻辑数制基础

在数字电路中，经常会遇到计数问题。在日常生活中，人们习惯于十进制数，而在数字系统中多采用二进制数，有时也常用八进制数或者十六进制数。

1. 进制

（1）二进制　按照"逢二进一"进行计数的数，称为二进制数。在二进制数中，有0、1两个数码。它的计数规律是"逢二进一"，即1+1=10（读为壹零）。右边的"0"表示2^0位数，左边的"1"表示2^1位数，也就是$10=1\times2^1+0\times2^0$。因此，所谓二进制就是以2为基数的计数体制。这样，每一数码处于不同的位置时（数位），它代表的数值是不同的。例如，11010.01可写成$(11010.01)_2=1\times2^4+1\times2^3+0\times2^2+1\times2^1+0\times2^0+0\times2^{-1}+1\times2^{-2}$。

（2）八进制　按照"逢八进一"进行计数的数，称为八进制数。它有八个数码，分别是0、1、2、3、4、5、6、7。它是以8为基数的计数体制。同样，$(37.5)_8$可以写成$(37.5)_8=3\times8^1+7\times8^0+5\times8^{-1}$。

（3）十六进制　按照"逢十六进一"进行计数的数，称为十六进制数。它有十六个数码，分别为0、1、2、3、4、5、6、7、8、9、A（对应十进制数中的10）、B（11）、

C（12）、D（13）、E（14）、F（15）。它是以十六为基数的计数体制。同样，(63.A)$_{16}$可以写成 (63.A)$_{16}$ = 6×16^1+3×16^0+10×16^{-1}。

2. 进制的转换

在平常的使用过程中人们习惯使用十进制，但在计算机内使用的通常是二进制、十六进制等。因此，需要实现进制的转换。下面以十进制和二进制的转换为例进行说明。

二进制中，基数只有 0 和 1，IPV 的 IP 地址包括 32 位二进制数，即由 32 个 0 和 1 组成。十进制中，基数是 0、1、2、3、4、5、6、7、8、9 共 10 个数，要判别 IP 地址的类别，首先要了解十进制和二进制之间的关系。

（1）倒除法　用十进制数除以 2，所得余数按从下至上的顺序写下来，就是该数的二进制数。例如，把 25 转化成二进制数为 11001，如图 3-1 所示。

（2）分解法　把十进制数分解小于该数的最大的 2^N 的数，依次往下分解，直到分到全为 2^N 的数为止。例如，把 25 转化为二进制数为 11001，2^4 = 16<25，2^3 = 8<9，2^0 = 1，如图 3-2 所示。

图 3-1　倒除法　　　　　图 3-2　分解法

IPv4 的地址分为 4 个字节，每字节 8 位，如图 3-3 所示。

图 3-3　1 个字节

（3）实例

1）实例 1：将 192.168.1.28 转换成二进制表示。

采用上面的方法进行化解，得出二进制数表示如图 3-4 所示。

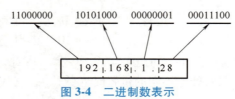

图 3-4　二进制数表示

2）实例 2：将 11000000、10101000、00000001、00011100 转换成十进制数表示。

11000000 = 1×2^7+1×2^6+0×2^5+0×2^4+0×2^3+0×2^2+0×2^1+0×2^0 = 192

10101000 = 1×2^7+0×2^6+1×2^5+0×2^4+1×2^3+0×2^2+0×2^1+0×2^0 = 168

00000001 = 0×2^7+0×2^6+0×2^5+0×2^4+0×2^3+0×2^2+0×2^1+1×2^0 = 1

00011100 = 0×2^7+0×2^6+0×2^5+1×2^4+1×2^3+1×2^2+0×2^1+0×2^0 = 28

3. 编码方法

不同的数码不仅可以表示数量的不同大小，还可以表示不同的事物。用若干数码、文字、符号表示特定对象的过程称为编码（编码的方法称为码制）。

BCD码（Binary-Coded Decimal）亦称二进码十进数或二-十进制代码，即用二进制数码表示1位十进制数的0~9的10个状态的编码。

（1）BCD码分类　BCD码可分为有权码和无权码两类：有权BCD码有8421码、2421码、5421码，其中8421码是最常用的；无权BCD码有余3码、格雷码（注意：格雷码并不是BCD码）等。

1) 8421 BCD码。8421 BCD码是最基本和最常用的BCD码，它和4位自然二进制码相似，各位的权值为8、4、2、1，故称为有权BCD码。和4位自然二进制码不同的是，它只选用了4位二进制码中前10组代码，即用0000~1001分别代表它所对应的十进制数，余下的6组代码不用。

2) 5421 BCD码和2421 BCD码。5421 BCD码和2421 BCD码为有权BCD码，它们从高位到低位的权值分别为5、4、2、1和2、4、2、1。这两种有权BCD码中，有的十进制数码存在两种加权方法。例如，5421 BCD码中的数码5，既可以用1000表示，也可以用0101表示；2421 BCD码中的数码6，既可以用1100表示，也可以用0110表示。这说明5421 BCD码和2421 BCD码的编码方案都不是唯一的。

3) 余3码。余3码是8421 BCD码的每个码组加3（0011）形成的。常用于BCD码的运算电路中。

4) 格雷码。格雷码（Gray Code）也称循环码，其最基本的特性是任何相邻的两组代码中，仅有一位数码不同，因而又称单位距离码。格雷码还具有反射特性，利用这一反射特性可以方便地构成位数不同的格雷码。

格雷码的编码方案有多种，该种代码除了具有单位距离码的特点外，还有一个特点就是具有反射特性，利用这一反射特性可以方便地构成位数不同的格雷码。

（2）常见的BCD码　看常见的几种BCD码见表3-1。

表3-1　常见的几种BCD码

编码数码	8421码	2421码	余3码
0	0000	0000	0011
1	0001	0001	0100
2	0010	0010	0101
3	0011	0011	0110
4	0100	0100	0111
5	0101	1011	1000
6	0110	1100	1001
7	0111	1101	1010
8	1000	1110	1011
9	1001	1111	1100
权	8421	2421	

三、基本逻辑运算

当两个二进制数码用于表示数量的大小时,它们之间可进行数值运算,这种运算称为算术运算。二进制算术运算和十进制算术运算的规则基本相同,唯一的区别在于二进制算术运算是逢二进一。

在数字电路中,1位二进制数码不仅可以表示数量的大小,还可以表示两种不同的逻辑状态。当两个二进制数码用于表示不同的逻辑状态时,它们之间可以按照指定的某种因果关系进行运算,称为逻辑运算。

逻辑运算与算术运算之间有本质的区别。逻辑代数中的变量为逻辑量,用字母表示,每个变量的取值只有0和1两种(这里的0和1已不再是数量的大小,只代表两种不同的逻辑状态),即逻辑0和逻辑1。逻辑状态表示见表3-2。

表3-2 逻辑状态表示

	逻辑1	逻辑0
正逻辑	高电平(或有电流、开关接通及灯亮)	低电平(或无电流、开关断开及灯灭)
负逻辑	低电平(开关断开、灯不亮)	高电平(开关接通、灯亮)

逻辑代数的基本运算有或、与、非三种。下面进行具体讨论:

1. 或运算

当决定事件发生的所有条件中任一个(或几个)条件成立时,这件事件就会发生,这种因果关系称为或运算,又可称为逻辑加,用"+"号表示。或运算的代数式为

$$Y=A+B$$

式中,"+"是运算符号;Y表示事件;A和B表示事件发生的两个条件。

将逻辑变量A和B的取值及相应的逻辑函数值用表格表示就得到表3-3所列的或逻辑真值表(条件成立用逻辑1表示,条件不成立用逻辑0表示;事件发生用逻辑1表示,否则用逻辑0表示)。

表3-3 或逻辑真值表

A	B	Y
0	0	0
0	1	1
1	0	1
1	1	1

图3-5所示电路中,由开关A和B并联组成的电路就是一个能实现或运算的电路。

2. 与运算

只有当决定事件发生的所有条件都成立时,这件事件才会发生,这种因果关系称为与运算(与逻辑、逻辑乘),用"·"表示。与运算的代数式为

$$Y=A \cdot B$$

式中,"·"是运算符号,该符号也可以省略不写。

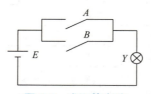

图3-5 或运算电路

将逻辑变量 A 和 B 的取值及相应的逻辑函数值用表格表示就得到表 3-4 所列的与逻辑真值表（条件成立用逻辑 1 表示，条件不成立用逻辑 0 表示；事件发生用逻辑 1 表示，否则用逻辑 0 表示）。

表 3-4　与逻辑真值表

A	B	Y
0	0	0
0	1	0
1	0	0
1	1	1

图 3-6 所示的电路中，由开关 A 和 B 串联所组成的电路就是一个能实现与运算的电路。

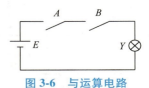

图 3-6　与运算电路

3. 非运算

当决定事件发生的条件成立时，这件事件肯定不会发生。这种因果关系称为非运算（非逻辑、逻辑非、逻辑反），用"—"表示。若用正逻辑表示，非运算的代数式

$$Y = \overline{A}$$

式中，"—"是运算符号。

将逻辑变量 A 的取值和相应的逻辑函数值用表格表示就得到表 3-5 所列的非逻辑真值表（条件成立用逻辑 1 表示，条件不成立用 0 表示；事件发生用逻辑 1 表示，否则用逻辑 0 表示）。

表 3-5　非逻辑真值表

A	Y
0	1
1	0

图 3-7 所示的电路中，当开关 A 闭合时，灯亮这件事件就不会发生；反之，开关 A 断开时，灯就会亮。这是一个能实现非运算的电路。

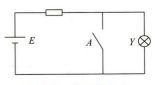

图 3-7　非运算电路

四、导出逻辑运算

在逻辑代数中，除了或、与、非三种基本逻辑运算外，其他的逻辑运算均称为导出逻辑运算。导出逻辑运算又称复合逻辑运算。常用的导出逻辑运算有：

1. 与非运算

与运算和非运算的组合称为与非逻辑运算，简称与非运算。其真值表见表 3-6，它的表达式为

$$Y = \overline{AB}$$

表 3-6 与非运算真值表

A	B	Y
0	0	1
0	1	1
1	0	1
1	1	0

2. 或非运算

或运算和非运算的组合称为或非逻辑运算,简称或非运算。其真值表见表 3-7,它的表达式为

$$Y=\overline{A+B}$$

表 3-7 或非运算真值表

A	B	Y
0	0	1
0	1	0
1	0	0
1	1	0

3. 异或逻辑运算

异或逻辑运算是只有两个输入变量的函数。只有当两个输入变量 A、B 的取值不相同时,输出才为 1,否则为 0。这种逻辑关系称为异或逻辑运算,简称异逻辑。其真值表见表 3-8,它的表达式为

$$Y=\overline{A}B+A\overline{B}=A\oplus B$$

式中,⊕是缩写符号。

表 3-8 异或运算真值表

A	B	Y
0	0	0
0	1	1
1	0	1
1	1	0

课题二 电工安全基础

一、用电安全

1. 电流对人体的作用

由于不慎触及带电体,产生触电事故,将使人体受到各种不同的伤害。根据伤害性质的不同,可分为电伤和电击两种。

电伤是指在电弧作用下,对人体外部的伤害,如烧伤、金属溅伤等。

电击是指电流通过人体,使内部器官组织受到损伤。如果受害者不能迅速摆脱带电体,则最后会造成死亡事故。电击所引起的伤害程度与下列3个因素有关。

(1) 人体电阻的大小　人体的电阻越大,通入的电流越小,伤害程度也就越轻。当皮肤有完好的角质外层并且很干燥时,人体电阻为 10~100kΩ。当角质外层被破坏时,则电阻降到 0.8~10kΩ。

(2) 电流通过时间的长短　电流通过人体的时间越长,则伤害越严重。

(3) 电流的大小　如果通过人体的电流在 0.05A 以上,就有生命危险。一般来说,接触 36V 以下的电压时,通过人体的电流不致超过 0.05A,故把 36V 电压规定为安全电压。如果在潮湿的场所,安全电压还要规定得低一些,通常为 24V 和 12V。

此外,电击后的伤害程度还与电流通过人体的路径以及带电体接触的面积和压力等因素有关。

2. 触电方式

人体的触电方式主要有以下两种。

(1) 接触正常带电体

1) 三相交流电源中性点接地的单相触电,如图 3-8 所示。这时人体处于相电压之下,危险性较大。如果人体与地面的绝缘较好,危险性可以大大减小。

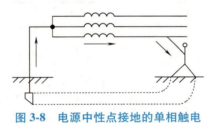

图 3-8　电源中性点接地的单相触电

2) 三相交流电源中性点不接地的单相触电,如图 3-9 所示。这种触电也有危险。乍看起来,似乎电源中性点不接地时,不能构成电流通过人体的回路。但要考虑到导线与地面间的绝缘可能不良(对地绝缘电阻为 R),甚至有一相接地,在这种情况下人体就有电流通过。在交流的情况下,导线与地面间存在的电容也可构成电流的通路。

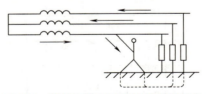

图 3-9　电源中性点不接地的单相触电

3) 两相触电最危险,因为人体处于线电压之下,但这种情况不常见。

(2) 接触正常不带电的金属体　触电的另一种情形是接触正常不带电的部分。例如,电动机的外壳本来是不带电的,由于线圈绝缘损坏而与外壳相接触,也使它带电。手触及带电的电动机(或其他电气设备)外壳,相当于单相触电。大多数触电事故属于这一种。为了防止这种触电事故,对电气设备常采用保护接地和保护接零(接中性线)的保护装置。

二、接地防护

为了人身安全和电力系统工作的需要，要求电气设备采取接地措施。将与电力系统的中性或电气设备金属外壳连接的金属导体埋入地下，并直接与大地接触，称为接地。常用的接地形式可以分为 TN、TT、IT 三种。其中第一个字母指电源系统对地的关系：T—电源端某点对地直接连接；I—电源端所有带电部分与地隔离或某点通过高阻抗接地。第二个字母指电气装置的外露可导电部分对地的关系：T—电气装置的外露可导电部分与地直接电气连接；N—电气装置的外露可导电部分与电源系统的接地点直接电气连接。后续字母则表示中性导体与保护导体的组合情况：S—中性导体与保护导体分开；C—中性导体与保护导体是合一的。

1. TN 系统

电源端有一点直接接地，电气装置的外露可导电部分通过保护中性导体或保护导体连接到此接地点。

根据中性导体和保护导体的组合情况，TN 系统的形式有以下 3 种：

（1）TN-S 系统　整个系统的中性导体和保护导体是分开的（图 3-10）。

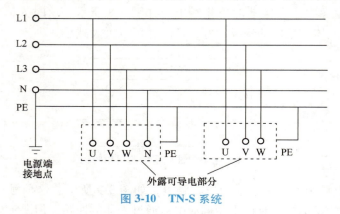

图 3-10　TN-S 系统

（2）TN-C 系统　整个系统的中性导体和保护导体是合一的（图 3-11）。

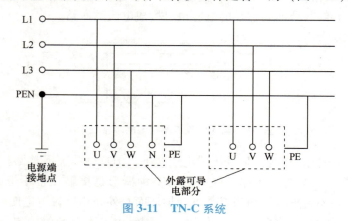

图 3-11　TN-C 系统

（3）TN-C-S 系统　系统中一部分线路的中性导体和保护导体是合一的（图 3-12）。

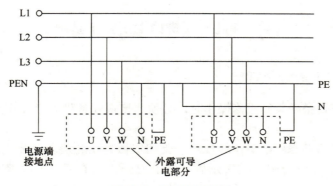

图 3-12　TN-C-S 系统

2. TT 系统

电源端有一点直接接地，电气装置的外露可导电部分直接接地，此接地点在电气上独立于电源端的接地点（图 3-13）。

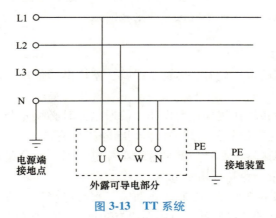

图 3-13　TT 系统

3. IT 系统

电源端的带电部分不接地或有一点通过阻抗接地，电气装置的外露可导电部分直接接地（图 3-14）。

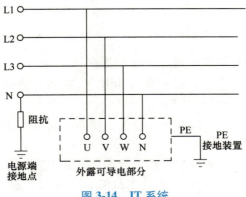

图 3-14　IT 系统

课题三 维修电工安全基础

一、维修电工人身安全规范

1）在进行电气设备安装和维修操作时，必须严格遵守各种安全操作规程和规定，不得玩忽职守。

2）操作时要严格遵守停电操作的规定，要切实做好防止突然送电时的各种安全措施。如挂上"有人工作，不许合闸"的警示牌、锁上刀开关或取下总电源熔断器的熔体、不约定时间送电等。

3）在操作邻近带电部分时，要保证有可靠的安全距离。

4）操作前应仔细检查工具的绝缘性能，检查绝缘鞋、绝缘手套等安全用具的绝缘性能是否良好，有问题的应立即更换，并应定期进行检查。

5）登高工具必须安全可靠，未经登高训练的，不准进行登高作业。

6）如发现有人触电，要立即采取正确的抢救措施。

二、设备运行安全规范

1）对于已出现故障的电气设备、装置及线路，不应继续使用，以免事故扩大，必须及时进行检修。

2）必须严格按照设备操作规程进行操作，接通电源时必须先合上隔离开关，再合上负荷开关；断开电源时，应先切断负荷开关，再切断隔离开关。

3）当需要切断故障区域电源时，要尽量缩小停电范围。有分路开关的，要尽量切断故障区域的分路开关，尽量避免越级切断电源。

4）电气设备一般都不能受潮，要有防止雨雪、水汽侵袭的措施。电气设备在运行时会发热，因此必须保持良好的通风条件，有的还要有防火措施。有裸露带电的设备，特别是高压电气设备，要有防止小动物进入的措施，以免造成短路事故。

5）所有电气设备的金属外壳，都应有可靠的接地措施。凡有可能被雷击的电气设备，都要安装防雷设施。

三、触电防范

防止触电应做到以下几点。

1）不得随便乱动或私自修理车间内的电气设备。

2）经常接触和使用的配电箱、配电板、刀开关、按钮、插座以及导线等，必须保持完好，不得有破损或将带电部分裸露出来。

3）不得用铜丝等代替熔丝。应保持刀开关、磁力开关等盖面完整，以防短路时发生电弧伤人。

4）经常检查电气设备的保护接地、接零装置，保证连接牢固。

5）在使用手电钻、电砂轮等手持电动工具时，必须安装漏电保护器，工具外壳进行防护性接地或接零，并要防止移动工具时导线被拉断。操作时应戴好绝缘手套并站在绝缘板上。

6）在移动电风扇、照明灯、电焊机等电气设备时，必须先断开电源，并保护好导线，以免磨损或拉断。

7）在雷雨天，不要走近高压电杆、铁塔、避雷针的接地导线周围20m之内。当遇到高压线跌落时，周围10m之内，禁止人员入内；若已经站在10m范围之内，应单足或并足跳出危险区。

8）对设备进行维修时，一定要先断开电源，并在明显处放置"有人工作，不许合闸"的警示牌。

课题四　自动售检票系统安全

城市轨道交通自动售检票系统的安全直接影响运营，自动售检票系统的设备操作和检修人员必须熟悉自动售检票设备的安全关键点：设备操作安全、设备检修及防护安全和收益安全注意事项。

自动售检票
系统安全

一、设备操作安全注意事项

1）操作自动售检票系统设备，首先输入个人的登录号和系统密码后，才能对设备进行操作。

2）严格按自动售检票系统设备操作手册内容进行设备操作，自动售检票系统设备监测有非法操作时，自动售检票系统将进行详细的记录，同时发出警报。

3）未经允许，任何人不得对自动售检票系统设置降级模式和紧急模式。

4）检修测试，必须在运营结束后才能进行。

5）保管好个人登录号和密码，不能盗用他人的自动售检票系统个人登录号和密码在自动售检票系统中使用，注意定期更换个人密码。

6）操作中应轻拉轻推导轨承重模块，防止支架导轨脱落发生危险。

7）操作、取出设备部件（如钱箱等）时，要轻拿轻放，防止碰撞、摔落造成部件损坏。

二、设备检修及防护安全注意事项

1）自动售检票系统设备维护检修时，必须做好现场设备作业防护工作，作业范围内安放防护设施，作业完成后必须清理好作业现场，确认恢复设备正常运营。

2）拆卸、安装自动售检票系统设备内部机械部件时，要按部件的拆卸、安装步骤进行，对于拆卸、安装设备内部空间狭窄的部件时，必须戴手套，做好相应的劳动保护。

3）使用吸尘器对设备内部进行除尘清洁工作时，需戴口罩等劳保用品。

4）自动售检票系统设备内部进行清洁、润滑、检查或维修前，应先断开设备电源、不间断电源（UPS）和后备电源（蓄电池电源），禁止用试电按钮来关闭漏电保护开关和用脚接通或断开电源开关。

5）在检修导轨承重模块时，应先将模块从支架上拉出并确认固定扣已经扣牢固，检修完毕应及时将模块推回原位，谨防夹伤、撞伤。

6)更换电路板时要做好静电防护措施,严禁带电插、拔电路板和连接线。

7)使用液态清洁剂清洁自动售检票系统设备内部时,避免将清洁剂滴到电源线或电路板上而发生短路现象。

8)检修过程应注意正确使用工具、器具,避免由于操作不当造成工具、器具损坏。

三、收益安全注意事项

1)涉及票务和收益的关键地方,如票务钥匙使用、设备内取出现金或有价车票等,必须遵从双人确认制度。

2)任何人未经批准,不准删除自动售检票系统设备上的文件和数据,以及随便修改自动售检票系统设备上的设置。

3)严禁私配自动售检票系统设备钥匙及相关票务钥匙。

4)严禁私拿钱和车票,涉及乘客票务问题时必须按票务规定进行处理,并做好相应记录。

5)任何人都有权制止损害票务收益的行为。

 课题五　车票安全

车票流程涉及多个环节,车票安全管理是车票管理的首要问题,关系到整个票务系统的安全、高效运行。车票安全管理的重点是防盗、防火、防作弊等,包括制票中心、车站与车票配送三个环节。

一、制票中心

在制票中心,可从设备安全、规章制度、作业程序等方面考虑车票安全。

1)设备方面的安全措施有安装安全防盗门、密码门和闭路电视监控设备,设置防灾报警和自动灭火系统等。

2)规章制度方面,应制定严格的出入登记制度、钥匙保管与交接制度、工作场所监控制度、票库审核与盘点制度、车票分区管理制度等。

3)作业程序方面,对每一张车票进行动态追踪管理,建立车票分区保管的台账,制定车票出入库与交接作业程序、车票在制票中心内部流程标准、制票过程作业标准、账册每日核对作业程序、车票注销与销毁作业程序等。

二、车站

在车站,应有专门保管车票的票务用房。票务用房主要包括存放房、售票厅、回收房等,各自的安全措施见表3-9。

表3-9　安全措施

序号	票务用房	安全措施
1	存放房	配置保险柜,安装防盗门、密码门和闭路电视监控设备,制定出入管理制度、房门及保险柜钥匙保管与交接制度,以及车票的存放、保管和交接制度

（续）

序号	票务用房	安全措施
2	售票厅	安装密码门、加强钥匙的保管与交接、对进入人员进行严格控制、安装报警装置、将车票放在外部人员触及不到的地方
3	回收房	对出站检票机的钥匙进行控制；车票回收由专人负责，对每日回收的车票进行加封，并注明加封人、加封日期和加封车票的种类、张数；票务审核人员定期核查回收后在车站循环使用的车票

三、车票配送

在车票配送给各个车站的途中，应使用专用的车票装载箱与运输工具、配备保安人员押运并按作业程序要求进行车票的交接与签收。

在给售票员配票时，作业双方应确认车票的票种、数量等准确无误，并进行书面签字。此外，应制定售票员往返售票厅途中的车票防抢劫措施。

四、车票安全性介绍

1. 智能 IC 卡的安全性

IC（Integrated Circuit，IC）卡的芯片是一种集成电路芯片，其安全性是 IC 卡安全性的基础，在芯片的设计阶段应提供完善的安全保护措施。一般来说，对 IC 卡用芯片的攻击主要有以下几种：

1）通过电子显微镜对存储器或芯片内部逻辑进行扫描，直接进行分析读取。
2）通过测试探头读取存储器内容。
3）通过从外部获取的接口直接对存储器或处理器进行数据存取。
4）激活 IC 卡用芯片的测试功能。

IC 卡用芯片的安全技术要从物理上防止以上攻击，物理保护的实施强度以实施物理攻击者所耗费的时间、精力、经费等与其获得的效益相比作为标准。在自动售检票系统中，安全问题主要包括以下几个方面：

1）车票安全，防止伪造、克隆、篡改、泄密、偷盗。
2）设备安全，防止偷盗后对车票进行加值或复制，防止业务程序被攻击改变，防止重要参数及数据被改变。
3）数据安全，防止篡改、窃取、丢失、抵赖。
4）系统安全，防止攻击、破坏、泄露重要信息。

对于 IC 卡单程票，经过 BOM 机、TVM 机等发售到乘客手中，到出站闸机进行回收。在整个使用过程中，IC 卡处于两种状态：在系统运营人员管理中，包括单程票的采购、初始化、发售、回收、循环运输等环节；在乘客手中，从购买单程票到出站之间。IC 卡储值票，经过 BOM 机、TVM 机等设备发售到乘客手中后，将一直在乘客手中重复使用，直至被收回。两种情况中，IC 卡在乘客手中时，有更大的不安全风险。但是整体而言，单程票处在安全范围内的比例要比储值票大。储值票因其储值金额可能较大，所以被攻击的可能性更大。

IC 卡的安全由 3 个不同层次的安全保障环节组成：一是芯片的物理安全技术；二是卡片制造的安全技术；三是卡的通信安全技术。3 个方面共同形成卡的安全体系，保证卡片生产到使用的安全。公开密钥基础设施（Public Key Infrastructure，PKI）能够使位于世界上任何地方的两个人通过互联网来通信，而且能够保证通信双方身份的真实性以及相互交换信息的安全性。IC 卡和 PKI 之间的联系在于密钥及相关数字证书的存储，卡片载有持卡人的数字证书和私有密钥，可通过 PKI 技术实现身份识别和信息加密传输。这种技术对实现 IC 卡的安全交易提供了更多的选择。具体方法如下：

1）通过熔断熔丝，使测试功能不可再激活。
2）高、低电压的检测。
3）低时钟工作频率的检测。
4）防止地址和数据总线的截取。
5）逻辑实施对物理存储器的保护。
6）总线和存储器的物理保护层等。

2. 储值 IC 票卡的安全性

自动售检票系统的储值票使用符合 ISO 14443 TYPE A 标准的 Mifarel IC 卡，此种卡具有先进的数据通信加密和双向验证密码功能。卡片制造时，具有唯一的卡片序列号；卡片内建 8K EEPROM 存储容量并划分为 16 个扇区，每个扇区划分为 4 个数据存储块，每个扇区可由多种方式的密码管理；卡片上还内建有增值/减值的专项的数学运算电路，具有防重叠功能，模块与卡片通信时，每个扇区设有 3 套密码及其认证和密码存储器。

Mifarel 卡片的存储容量为 8192bit×1 位字长，采用 EEPROM 作为存储介质，整个结构划分为 16 个扇区，编为扇区 0~15，每个扇区有 4 个块，每个块有 16 个字节，每个扇区的块 3（即第 4 块）包含了该扇区的密码 A（6 个字节）、存取控制（4 个字节）、码 B（6 个字节），是一个特殊的块，其余 3 个块是一般的数据块。但扇区 0 的块，是厂商代码，已固化，不可改写。

在对 Mifarel 卡进行读写时，相应的软件操作也同样为卡片的安全性提供了保证。在读取 Mifarel 卡片上的数据之前，必须证明它是被允许的，这个过程称为认证操作。可通过选择秘密存储在 MCM 中的 RAM 的一组密码来进行认证而实现。卡片存储器的每个块都有指定的存取条件，这些存取条件根据密码 A 或 B（它们对整个扇区始终有效）而定。MCM 能够存储 3 个密码集 KEYSET 0、KEYSET 1、KEYSET 2，每一个 KEYSET 又包含了 KEY A 及 KEY B 等，以存取最高达 32000bit 内存容量的 Mifarel 卡片。用户必须在 KEYSTACON 寄存器中指定一套密码。要想对此种 IC 卡进行攻击的话，必须要知道自动售检票 Mifarel IC 卡的数据存储结构和密钥，但这很难实现。

3. 单程 IC 票卡的安全性

对于符合 ISO 14443 TYPE A 标准的 Mifarel Ultra Light IC 卡作为轨道交通单程票使用是足够安全的。用 UID+密钥防止伪造，用动态 MAC 锁定防止篡改，用密钥系统保证密钥安全。利用 Mifarel Ultra Light 卡的全球唯一序列号（该序列号是烧制在卡片的 EPROM 上的，是不可修改的）与密钥通过运算产生一个 MAC，每次交易对 MAC 进行认证。产生 MAC 的密钥保存在 SAM 上，这样想要克隆一张车票就需要克隆其全球唯一序列号，并得到保存在 SAM 上的密钥，同时还要知道计算方法。所以能得到 MAC 的机会几乎是不存在的，这样只要通过密钥系统保护住密钥不流失，就可以保证车票不被伪造。采用动态 MAC 方式，即 SAM 卡计算，动态 MAC 与 CRC 相结合的方法来实现关键数据不被篡改。动态 MAC 计算就是在交互过程中加入 SAM 卡作为计算主体（密钥系统由主密钥卡多级分散后得到交易密钥卡 SAM 卡，SAM 卡通过密钥分散因子以及三重 DEA 算法保证其安全性），所有数作为运算项目，每次对票卡操作完成后，SAM 产生一个 MAC，并写入票中，下次操作票卡时，首先验证 MAC 是否可以通过。

由于 SAM 可以认为是安全的，MAC 的计算可放在 SAM 中，这样也可以认为 MAC 足够安全。参与 MAC 计算的数据包括车票的唯一编号、车票的金额以及 CRC 结果码。这样，如果金额被修改，下次就无法通过 MAC 计算。但是 SAM 送入 MAC 的数据量是有限的，并且数据多了，速度会受到比较大的影响，所以增加了二级安全保护措施，即 CRC 运算。当车票操作完成时，对车票内的所有数据（除 MAC 码和 CRC 结果码）进行 CRC 运算，并得到 CRC 结果码，之后将 CRC 码也作为 MAC 运算的数据项目之一送入 SAM 进行运算。这样票中的数据项目一旦被非法修改，CRC 不会被通过，且可以发现。如果 CRC 算法被攻击或伪造，MAC 也无法通过，因为 MAC 由 SAM 计算得到，SAM 是由密钥系统保证安全的，故攻击者无法篡改票中的数据。

由于超轻型卡可直接修改数据内容，所以无法防止车票中的数据被读取，但是 SAM 中的数据及流程是无法读取的，而且系统泄露个别车票的数据内容不会带来特别风险，如果攻击者分析得到车票的数据结构，但有动态 MAC 作为安全保证，攻击者也无法获得非法利益，所以可以不采用特别的保护措施。

【任务实践】

1. 环境准备
1）正常运行的地铁、高铁车站或者学校范围内有强电、弱电安全防范的场所。
2）安全操作规范或基本安全常识。
3）具有地铁、高铁车站计算机系统及车站终端设备的理实一体化教室。

2. 操作要求
1）了解电的安全常识和基本防护措施。
2）熟悉维修电工实施任务时的安全操作规范。
3）能正确完成闸机、自动售票机操作，符合安全操作规范。

【课外拓展】

阅读表 3-10 所列的自动售检票系统安全检查表，结合实际谈谈个人对自动售检票系统安全的认识。

表 3-10　自动售检票系统安全检查表

序号	检查内容和项目	检查依据	检查记录	检查结果
1	根据城市轨道交通的建设和城市经济发展状况，在地铁中设置自动售检票系统有利于减少车站工作人员，减轻工作人员的劳动强度。通过自动售检票系统可以实现客观的客流统计、票款收入统计及设备运行、维修状况的统计，有利于提高地铁自动化管理水平，有利于提高地铁投资与更多效益体现，改变不计成本运营的状况	GB 50157—2013《地铁设计规范》第18.1.1条		
2	超高峰客流量是指车站高峰小时客流量乘以 1.1~1.4 的超高峰系数，各站超高峰系数取值视车站位置的客流特征和客流量大小取值 自动售检票终端设备的计算参数可按：各城市可根据城市轨道交通建设、经济发展状况和服务水平来确定相应的设备计算参数和配置水平	GB 50157—2013 第 18.1.4条		
3	"可靠性"主要是指系统运行的可靠性、数据的可靠性、通信的可靠性及设备的可靠性等	GB 50157—2013 第 18.1.5条		
4	自动售检票系统应实现与相关系统的接口，主要是指通信系统、火灾自动报警系统、综合监控系统、门禁系统、动力与照明专业及"一卡通"系统的接口等	GB 50157—2013 第 18.1.7条		
5	车站处于紧急状态时，自动售检票系统可手动或自动与火灾自动报警（FAS）系统实现联动，自动检票机阻挡装置应处于释放状态，如不严格执行此文，不与火灾报警（FAS）系统联动，一旦车站发生火灾，将因自动检票机阻挡人群疏散，售票机继续售票等，造成客流积聚、拥堵，从而引发危及乘客生命财产安全的严重后果	GB 50157—2013 第 18.1.9条		
6	自动售检票系统车站级以下设备包括半自动售票机、自动售票机、自动充值机、自动检票机和自动验票机	GB 50157—2013 第 18.1.10条		
7	根据各城市情况，自动售票机和自动充值机的功能可合并，便携式验票机可具备检票功能	GB 50157—2013 第 18.2.5条		
8	网络化运营后，自动售检票培训系统可集中设置，做到资源共享	GB 50157—2013 第 18.2.7条		
9	为了系统可靠性，一般清分系统均设置异地灾备系统。系统级灾备系统指可全面接管清分系统的功能，数据级灾备系统指主要将数据进行备份，接管部分系统级功能	GB 50157—2013 第 18.3.1条		
10	城市在新建第一条地铁线路时，可不设置清分系统，由线路中央计算机系统实现与公交"一卡通"的数据交换，因此有部分功能，如下发黑名单等由线路中央计算机系统实现	GB 50157—2013 第 18.3.2条		

【思考练习】

一、单项选择题

1. （　　）是指在生产活动中，由于人们受到科学知识和技术力量的限制，或者由于认识上的局限，而使客观存在的可能对系统造成损失的不安全行为或不安全状态。
   A. 安全　　　　　B. 危险　　　　　C. 隐患　　　　　D. 事故

2. （　　）是城市轨道交通的主要技术装备之一，是行车的基础。它的作用是引导机车车辆运行，直接承受由车轮传来的载荷，并把它传给路基。
   A. 线路　　　　　B. 钢轨　　　　　C. 轨枕　　　　　D. 道岔

3. 造成轨道交通运营中断6h以上的属于（　　）事故。
   A. 一般　　　　　B. 较大　　　　　C. 重大　　　　　D. 特别重大

4. 对地铁来说（　　）可谓是"第一天敌"。
   A. 水淹　　　　　B. 冰雪　　　　　C. 风灾　　　　　D. 火灾

5. 城市轨道交通危险源根据风险评价的结果，可将风险分为5级，其中第2级是指（　　）。
   A. 可容忍危险　　B. 极其危险　　　C. 高度危险　　　D. 一般危险

6. 城市轨道交通系统是一个大联动机，必须各部分协同运作，才能保证运行的安全。其中（　　）是最基本部分。
   A. 行车基础设备　B. 站台设施　　　C. 人员安排　　　D. 通风设备

7. 为防止在站台边缘装卸重物时使门槛变形，勿使屏蔽门门槛承受超过（　　）的设计载荷。
   A. 120kg　　　　B. 150kg　　　　C. 140kg　　　　D. 130kg

8. 《城市轨道交通运营管理办法》规定，下列（　　）不是禁止危害城市轨道交通正常运营的行为。
   A. 随地吐痰　　　B. 带小孩乘车　　C. 跨越围墙　　　D. 携带宠物乘车

9. 在建立地铁安全指标体系的过程中，在全面性原则的基础上，指标要选择那些影响全局的安全关键因素，这遵循的是（　　）。
   A. 全面性原则　　B. 主导性原则　　C. 操作性原则　　D. 可比性原则

10. 城市轨道交通施工，在车辆段内的施工，如影响正线行车须报（　　）批准。
    A. 车站站长　　　B. 值班员　　　　C. 安全员　　　　D. 行车调度

11. 任何人员及其携带的物体（经检测合格的绝缘工具除外）应与带电接触网、受流器保持足够的安全距离。DC 1500V 接触网的安全距离为（　　）。
    A. 600mm　　　B. 700mm　　　C. 800mm　　　D. 500mm

12. 发生火灾时，用标准用语进行广播宣传和疏散引导，稳定乘客情绪，引导乘客使用车内灭火器灭火和进行紧急疏散的是（　　）。
    A. 维修调度人员　　　　　　　　　B. 电网调度人员
    C. 行车调度人员　　　　　　　　　D. 列车司机

13. 城市轨道交通安全是指（　　　）。

A. 行车和客运不发生人身伤亡、火灾爆炸、设备设施故障等事故

B. 国家机关为加强安全生产监督管理，落实安全生产技术措施，保护人民群众生命和财产的安全，防止和减少安全生产事故，促进经济发展，按照一定的法律程序制定并颁布实施的法律规范

C. 在车站站厅、站台、隧道、设备及管理用房等处所的环境进行空气处理的系统。其功能主要是调节指定区域内的空气温度、湿度，并控制二氧化碳、粉尘等有害物质的浓度，以满足人体健康及相关设备正常运行的要求

D. 在列车运行图中，为区间或车站正线规定不放行列车的一段时间

二、多项选择题

1. 车站的应急设备主要有（　　　）。

A. 火灾紧急报警器　　　　B. 自动扶梯紧停装置　　　　C. 紧急停车按钮

D. 屏蔽门紧急开关　　　　E. 对讲机

2. 引发火灾的交通环境因素主要包括城市轨道交通（　　　）。

A. 内部潮湿　　　　　　　B. 高温　　　　　　　　　　C. 粉尘大

D. 鼠害　　　　　　　　　E. 电气设备短路

3. 一般情况下，地铁列车上应配备的应急设备有（　　　）。

A. 紧急报警按钮　　　　　B. 紧急开门装置　　　　　　C. 灭火器

D. 逃生装置　　　　　　　E. 紧急对讲器

4. 下列属于禁止危害城市轨道交通安全的行为有（　　　）。

A. 擅自移动、遮盖安全消防警示标志

B. 故意干扰城市轨道交通专用通信频率

C. 在轨道上放置、丢弃障碍物

D. 向城市轨道交通列车投掷物品

E. 在城市轨道交通的地面线路轨道上擅自铺设平交道口、平交人行道

5. 轨道交通运营突发事件的预警由高到低可分为红色、（　　　）、蓝色四个级别。

A. 绿色　　　　　　　　　B. 橙色　　　　　　　　　　C. 紫色

D. 黄色　　　　　　　　　E. 黑色

三、判断题

1. 影响运营安全的设备因素主要指运输基础设备和运输安全技术设备的安全性能，包括设计安全性和使用安全性。（　　　）

2. 城市轨道交通运营过程中所出现的大部分不安全现象都在行车工作中。（　　　）

3. 维修人员进入隧道前，须先到车控室办理有关手续，方可进入隧道。（　　　）

4. 特种设备作业人员必须持有效《特种设备作业人员证》上岗操作设备。（　　　）

5. 车站发生火灾时，不要使用垂直升降电梯。（　　　）

6. 安全标志的作用是引起人们对不安全因素的注意，以达到预防事故发生的目的，但不能代替安全操作规章和安全防护措施。（　　　）

7. 值班员应站在易于瞭望、能确认前方进路又能使司机看见信号的位置上显示信号。（　　　）

8. 凡经批准的国产化、技改等项目上线调试、运行,必须经批准并报送安全部门备案,方可实行。（　　）

9. 环控设备维修人员必须认真执行"三不动""三不离""四不放过"等基本安全生产制度。（　　）

10. 城市轨道交通的消防安全管理工作和消防监督工作,还应符合国家现行的其他有关法律法规的规定。（　　）

04

单元四　自动售检票系统概述

【学习导入】

在车站、景点、大型场馆等人流量较多的场所,一方面需要保证让旅客迅速、井然有序地通过检查关口,有效减少旅客的排队时间;另一方面需要保证工作人员在高强度的枯燥工作中不出现或少出现错误。另外,这些场所的形象好坏对城市形象的好坏具有重大影响。应用自动售检票系统可以解决上述问题。

【学习目标】

1. 了解自动售检票系统的概念与作用。
2. 认识自动售检票系统的重要性。
3. 掌握自动售检票系统的层次结构和基本架构,与时俱进,了解实际应用系统。
4. 知道自动售检票系统的工作模式,根据实际情况选择合适的工作模式。
5. 正确使用自动售检票系统。

课题一　自动售检票系统定义

自动售检票系统（Automatic Fare Collection，AFC）是涉及机电一体化、信息识别、信息处理、信息安全、信息管理、网络通信、数据库、智能卡、嵌入式、过程控制、测试、仿真、图像处理、操作系统和集成等多种技术的大型信息系统。城市轨道交通自动售检票系统的技术基础主要是信息技术，城市轨道交通自动售检票系统从系统构架的各方面到使用效应，无不与信息技术密切相关。

城市轨道交通自动售检票系统由中央计算机系统、车站计算机系统、终端设备、车票媒介、网络、各种接口和运作制度组成，其主要工作内容如下：

1）实现中央系统、车站系统和终端设备之间的数据传输和处理。
2）完成车票制作、售票、检票、票务统计分析等工作。
3）及时、准确地进行客流、票务数据的收集、整理、汇总和分析。
4）实现城市轨道交通收益方的清分结算以及与关联系统等外部接口之间的清分结算，同时可通过银行或金融机构实现账务划拨。

课题二　自动售检票系统结构

一、自动售检票系统的层次结构

城市轨道交通自动售检票系统的结构可划分为车票、车站终端设备、车站计算机系统、线路中央计算机系统、清分系统五个层次。

层次结构是按照全封闭的运行方式，以计程收费模式为基础，采用非接触式 IC 卡为车票介质的组成原则，根据各层次设备和子系统各自的功能、管理职能和所处的位置进行划分。目前，确定的五层结构形式是根据我国国情和城市发展现状，综合考虑了城市轨道交通建设的特点（如线路多而复杂、建设周期长、多个业主单位等情况）而设置的，具有一定的可伸缩性。各层次必须实现的功能和要求如下。

（1）第五层——车票　车票是乘客所持的车费支付媒介，规定了储值卡和单程票两种类型的物理特性、电气特性、应用文件组织以及安全机制等技术要求。

车票媒介目前经常采用的有视读印刷票、机读印刷票、磁票、智能卡等。终端设备与处理的票卡相关。

由于车票媒介决定了终端设备的选型，所以车票媒介的选择是一个非常重要的环节。目前，选用非接触式 IC 卡作为城市轨道交通车票已是大趋势，并被广泛使用。

（2）第四层——车站终端设备　车站终端设备是安装在各车站的站厅，直接为乘客提供售检票服务的设备，规定了车站终端设备及其运营管理的技术要求。

终端设备将根据票务规则验证车票和进行车票费用处理，收集票务信息并上传，同时接收车站计算机系统的命令和参数。

自动售检票系统中的终端设备根据用途主要划分为分拣编码机、自动检票机、自动售票机、半自动售/补票机、自动加值机、便携式验票机等。

（3）第三层——车站计算机系统 车站计算机系统的主要功能是对第四层车站终端设备进行状态监控以及收集本站产生的交易和审计数据，规定了系统的数据管理、运营管理及系统维护管理的技术要求。

车站计算机系统负责把车站内的各种自动售检票系统的终端设备产生的票务交易数据、设备运行状态和维护日志等上传给线路中央计算机系统，并接收线路中央计算机系统下传的各种运行参数和命令等。车站计算机系统中的车站计算机负责与本站各类自动售检票终端设备的通信和接收自动售检票终端设备主动发送的票务交易数据和设备状态等数据，下发运行参数和相关命令等。车站计算机系统具有独立的自动售检票运营监控、票务监控和分类统计等管理功能。

（4）第二层——线路中央计算机系统 线路中央计算机系统的主要功能是收集本线路自动售检票系统产生的交易和审计数据，并将此数据传送给城市轨道交通清分系统以及与其进行对账，规定了对该线路的车票票务管理、运营管理及系统维护的技术要求。

（5）第一层——清分系统 清分系统的主要功能是统一城市轨道交通自动售检票系统内部的各种运行参数、收集城市轨道交通自动售检票系统产生的交易和审计数据并进行数据清分和对账，同时负责连接城市轨道交通自动售检票系统和城市一卡通清分系统，规定了对车票管理、票务管理、运营管理和系统维护管理的技术要求。

路网计算机系统需要对整个路网进行运营管理和票务管理。路网计算机中央数据处理系统依据收益清分管理需求，确定系统是否具有跨线换乘清分的功能，保证票务交易数据的安全，并决定系统的构架和组成。路网中央计算机数据处理系统的应用功能包括车票管理、车票发行、票务清分、票务结算、财务管理、运营参数管理、票务参数管理、安全管理、报表统计、运营模式管理、运营监控、票务监控监视、系统维护和接入测试以及与外部接口（如银行系统或允许在轨道交通内使用的外部卡发行商清算系统等）交换数据等。

自动售检票系统层次结构如图4-1所示。

二、自动售检票系统的基本架构

城市轨道交通路网中，根据投资主体、运营管理、换乘方式、城市轨道交通线路的构成及票务处理、票务分析和票务结算系统的需求，实现自动售检票系统的基本架构。自动售检票系统有线路式架构、分散式架构、区域式架构、完全集中式架构、分级集中式架构5种。

1. 线路式架构

线路式架构的自动售检票系统符合运营线路独立管理自动售检票系统和票务的设想。在线路式架构中，每条运营线路建有一套独立的自动售检票系统，包括中央计算机系统、车站计算机系统、终端设备和车票媒介。中央计算机系统完成线路城市轨道交通自动售检票的管理、票务统计和票务结算，并单独与外部卡清算系统连接，实现与外部卡清算系统的交易数据转发、对账和结算等。不同线路之间的自动售检票系统是彼此独立的，票务信息不能共享，无法满足站内跨线换乘票务清分的应用需要。

线路式架构的自动售检票系统适用环境为单线式城市轨道交通线路和分离式城市轨道交通线路。线路式架构示意图如图4-2所示。

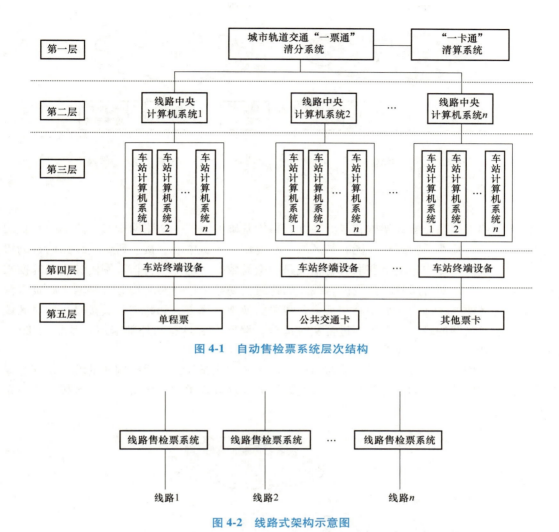

图 4-1 自动售检票系统层次结构

图 4-2 线路式架构示意图

2. 分散式架构

城市轨道交通网络由若干个区域构成，每个区域由若干条线路组成，但各个区域相互独立，完成本区域线路的票务处理和运营管理，构成分散式架构。区域中心负责获取所管辖范围内线路交易数据，确定其管辖范围内各线路的换乘结算模式，并对所管辖范围内各线路的跨线交易数据进行实时清分。每一个区域清分中心负责相应区域线路的清分，区域中心与外部卡清算中心连接，交换外部卡交易数据和清分结果。

分散式架构的自动售检票系统能够适用的环境为条状形区域管理的城市轨道交通线路和由一个投资和运营方管理的多条线路。如上海城市轨道交通原先的 1 号线和 2 号线是设置一个中央系统，负责对两条线路售检票业务的处理；广州城市轨道交通 3 条线路设置一个中央系统，负责对 3 条线路进行售检票业务的处理；日本东京地铁的售检票系统是以运营公司为中心，直接对线路的车站进行售检票业务管理。分散式票务系统架构示意图如图 4-3 所示。

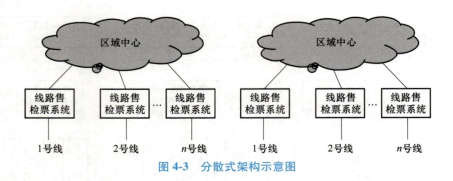

图 4-3　分散式架构示意图

3. 区域式架构

区域式架构是在分散式架构和线路独立式架构基础上设置一个路网中心，路网中心直接与独立线路的售检票系统连接，同时与区域中心连接，区域中心直接与所管辖线路的自动售检票系统连接。区域中心负责获取所管辖线路的交易数据，确定其管辖范围内各线路的换乘清分方式和结算，并对所管辖范围内各线路的跨线交易数据进行实时清分。路网中心负责获取全路网交易数据，确定区域中心和其余各线路的换乘结算方式和数据公共接口，并对区域中心和其余各线路的跨线交易数据进行实时清分。路网中心具有与外部卡清算系统的接口，用于转发数据、对账和结算等。

区域式架构的自动售检票系统能够适用于由区域式线路和独立线路构成的城市轨道交通网络。新加坡地铁交通的售检票系统与公交系统的处理方式类似区域式架构。区域式票务系统架构示意图如图 4-4 所示。

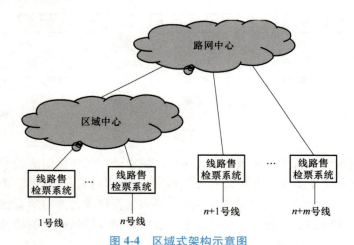

图 4-4　区域式架构示意图

4. 完全集中式架构

完全集中式架构是将城市轨道交通网络中所有的线路拟为一条路网式线路，设置一个路网中心，线路上的车站计算机系统集中后通过通信设备直接与路网中心连接，即不设置线路中央系统进行相应的清分处理。路网中心相当于自动售检票系统的中央数据处理系统，负责获取全路网的所有交易数据并负责各线路的数据处理和结算，同时负责线路的运营管理。

完全集中式架构的自动售检票系统的路网中心（中央数据处理系统）与各独立线路的车站系统直接连接，路网中心替代线路中央系统的职责，同时负责对各线路的清分、统计和管理。路网中心负责全路网所有线路单程票、储值票交易数据的收集、处理、清分、对账和结算处理，负责路网所有线路外部卡交易数据的收集、转发、处理、清分，负责路网车票的统一编码和管理，负责与"公共交通卡"清算中心的清分。全路网数据的管理与结算由路网中心独立完成。

完全集中式架构的自动售检票系统能够适用于单一线路或运营商和多个独立的运营商管理的线路。例如，日本东京的12条地铁线路由两家运营，城市轨道交通售检票系统是以车站为基本单元的，车站汇总计算机负责收集交易数据，每天定时通过网络将交易数据送到公司数据汇总计算机，由公司数据汇总计算机进行处理。完全集中式票务系统架构示意图如图4-5所示。

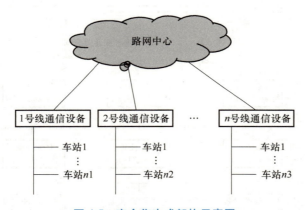

图 4-5　完全集中式架构示意图

5. 分级集中式架构

分级集中式架构是在线路式架构的基础上设置一个路网中心，路网中心负责获取全路网交易数据，确定各线路的换乘结算方式和数据公共接口，并对各线路的跨线交易数据进行实时清分。

分级集中式架构的自动售检票系统的路网中心直接与各独立线路售检票系统的线路中央计算机系统连接，路网中心负责对各独立的线路进行清分、统计和管理。路网中心负责全路网所有线路售检票系统单程票、储值票换乘交易数据的收集、处理、清分和清算，负责路网所有线路外部卡交易数据的收集、转发、处理、清分和结算，负责路网车票的统一编码和管理，负责与外部卡清算中心的统一接口处理。线路中央计算机系统负责线路交易数据的收集、处理、分析和管理，并与路网中心交换数据。清分交易数据的管理由路网中心与线路中央计算机系统共同完成。上海城市轨道交通自动售检票系统使用的是分级集中式架构。分级集中式架构示意图如图4-6所示。

分级集中式票务系统根据功能可分为五个层次：全网络票务系统的汇集层、各线路票务系统的线路中央层、各线路票务系统下属的车站层、终端设备层、车票层。分级集中式票务系统架构示意图如图4-7所示。

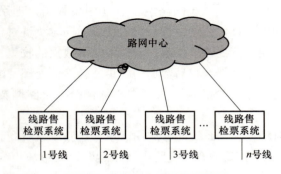

图 4-6 分级集中式架构示意图

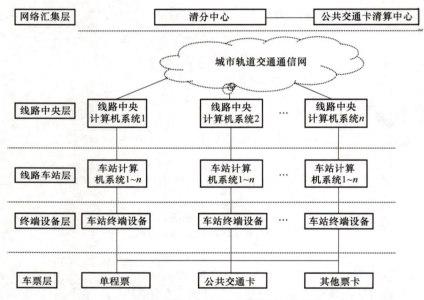

图 4-7 分级集中式票务系统架构示意图

三、自动售检票系统架构的选择

在选择和设计城市轨道交通自动售检票系统时,需要考虑的问题包括:系统架构与城市轨道交通的路网规划和标准一致,系统具有先进性和可操作性。

1. 自动售检票系统总体架构选择依据

在城市轨道交通网络自动售检票系统总体架构选择时需要考虑以下因素。

1) 符合城市轨道交通的战略目标和发展规划。
2) 满足路网换乘。
3) 满足票务结算的需求。
4) 提高运营管理效率。
5) 系统稳定性好,具有较强的适应性。
6) 系统具有较好的经济性。

2. 不同基本架构的特点

自动售检票系统基本架构不同，则总体架构也就不一样。

（1）线路式架构　线路式架构适合于一些特殊的城市轨道交通线路，这些线路与路网内的线路不发生直接换乘。

（2）分散式架构　分散式架构在解决城市轨道交通网络整体捷运的信息处理方面增加了环节，需要对信息的分类分级方面有清晰的措施。但对于一定区域内的城市轨道交通线路，如果该区域与其他线路基本上不发生换乘，而本区域内又有换乘要求，则可以考虑在此区域内采用这种架构。

（3）区域式架构　区域式架构技术上能够满足目前城市轨道交通网络的需求，但难以适应路网的发展和要求。由于采用区域管理，为运营管理带来了麻烦，但可保护原有的投资。在某种程度上，此系统架构也是一种可选择的方案。

（4）完全集中式架构　这种架构能够满足较小的轨道交通网络的需求。此种架构的票务系统运营管理简单、投资节省，可以作为大都市多家运营商管理的城市轨道交通网络选择的一种合理的架构。

（5）分级集中式架构　这种架构能够满足城市轨道交通网络的规划和需求，符合路网建设和管理方式，同时投资相对节省。所以，此种架构是一种合理的架构。

3. 自动售检票系统基本架构对比

不同系统架构的优缺点见表4-1。

表4-1　系统架构对比

系统架构	优点	缺点
线路式	系统架构简单，仅适应线路独立的路网	难以适应路网规划，无法实现路网的换乘
分散式	系统架构简单，数据处理量小，实现区域换乘	难以适应路网规划，无法实现区域之间的换乘
区域式	实现区域式管理，能适应原系统的平稳过渡	系统架构复杂，查询和统计处理量大
完全集中式	系统架构简单，线路扩展方便，投资少	增加清分和运营管理的复杂性，数据处理量大，对清分中心设备的要求高，可靠性低于分级集中式架构，与路网规划存在差异
分级集中式	系统架构合理，满足路网规划的需求，投资少	清分处理数据量大，对清分中心设备的要求高

 课题三　自动售检票系统功能

自动售检票系统可向用户管理者提供一套封闭的管理系统，以实现在旅客进出该系统时，根据车票介质上所存储的信息（包括车次、上车站、下车站、乘车时间等）完成对车票和旅客的合法性检查，以达到提高通过效率、降低运输成本、准确统计客流信息、减轻工作人员劳动强度等目的。

根据安装运营业务对自动售检票系统的需求，大致可划分为如下功能。

1. 应用管理系统

应用管理系统是指用于业务管理方面的应用软件系统。

（1）票务管理　与票务有关的业务处理和管理，如卡类别、交易信息、黑名单、计价方案等。票务管理主要有发卡、售票、检票和结算功能。

1）发卡功能。票卡发行管理包括票卡编码、票卡初始化发行、储值卡处理、调配、挂失、注销、销卡等功能。

2）售票功能。乘客在车站非付费区内可以通过自动售检票系统的终端设备如自动售票机或半自动售票机购票。售票过程是终端设备根据中央计算机系统下发的运行参数和票务参数，按照乘客需求，为乘客提供乘车的有效凭证（车票）的过程。

3）检票功能。乘客进站时，进站检票机将对乘客所持有的车票进行合法性和有效性检查，如果所持车票合法，则在车票中写入乘客的进站信息并开闸放行，允许乘客进入车站付费区。

乘客出站时，出站检票机将对乘客所持有的车票进行有效性检查，如果所持车票有效（包括车票计程、计时有效或车资足够），储值票被扣除相应票款后在车票中写入出站信息，单程票则由出站检票机自动回收，开闸放行让乘客出站。出站检票时，如发现乘客无票，或所持车票无效，或单程票金额不足等，都会提示乘客到补票处按照有关规定进行补票处理。

4）结算。所有票务交易数据均由自动售检票系统的各类终端设备产生，经车站计算机系统上传到线路中央计算机系统或路网中央计算机数据处理系统，根据票务政策、清分规则和结算方法进行票款清分清算和结算处理，银行划账和收益方对账等。

（2）库存管理　与仓储物资管理有关的业务处理和管理，如原始票卡库存、设备库存等。

（3）运营管理　与系统配置和监控有关的业务处理和管理，如系统设备注册、参数配置、运营实时监控等。

（4）结算管理　与账务统计和结算有关的业务处理和管理，如清算、稽查、分账处理等。

（5）系统维护　与系统整体配置、维护有关的处理和管理，如用户管理、参数配置和数据维护等。

（6）通信服务　通信服务是指系统运营中的数据交换。

2. 售检票设备管理

售检票设备管理是指对参与自动售检票系统运作，处理自动售检票系统具体业务的专用设备的管理，管理的设备通常包括：

（1）卡初始化专用设备　对磁卡或IC卡进行初始化业务处理的专用设备，经过初始化的票卡方能被系统识别和使用。

（2）自动增值机　旅客自助式对储值票进行充值的专用设备，具有使用现金和银行卡对储值票进行充值的功能。

（3）自动售票机　旅客自助式购买单程票的设备，具有识别纸币和找零及制票的功能。

（4）进出站闸机　自助式进行检票的专用设备。旅客进出车站时对其所持车票的合法性进行检查，并据此对闸门进行打开或关闭控制，出站时要进行乘车费用的计算并从储值票中扣除，同时收回单程票。

（5）旅客服务器　用于人工为旅客提供各种交易处理的专用设备，包括出售单程票、储值票，储值票充值，补票等功能。同时可以为旅客查询储值票卡上的信息，如储值余额、乘车记录、有效期等，并可以修复出现问题的车票。

3. 数据处理功能

城市轨道交通网络的票务管理由众多数据流程组成，包括交易信息流、车票流、资金流、乘客流、列车流、凭据流、备件流、控制流和指令流等。其中，交易信息流、车票流和资金流是票务处理和管理的主要输入数据源；备件流、控制流和指令流是自动售检票系统运行管理的输入源；交易信息流、车票流、乘客流和列车流是客流分析的输入源。同样，交易信息流、车票流、资金流和凭据流是财务管理的输入源。其他管理都能够在上述数据流的沉淀数据中获得相关信息。

路网中央计算机系统或线路中央计算机系统主要用于上述各种数据流的收集、生成（含下发）、统计、分析和使用，并提供联机存储和存储管理、数据备份和恢复等可靠性方面的处理。

城市轨道交通的数据流是整个自动售检票系统运营管理能力和效率的重要支持之一，它负责将自动售检票系统中由底层设备产生的各数据送至其上层系统，将上层的控制指令和参数信息下传至底层。同时，数据流在各层系统进行汇总、统计以产生各种用于管理的统计信息，从而完成对自动售检票系统运营管理的支持。

根据数据的来源和用途，系统数据可分为以下几类。

1）运营数据。设备和系统的运营状态信息及设备运行状态。
2）交易数据。设备和系统产生的交易数据信息。
3）控制数据。系统向设备等发送的控制命令信息。
4）管理数据。系统向设备发送的各种用作管理的数据。

 课题四　自动售检票系统工作模式

自动售检票系统工作模式

当地铁或轻轨在运营过程中出现列车故障、火灾、电力供应中断等意外故障时，可由各段自动售检票系统控制中心下达命令，将某个车站或全部车站设置到非正常运营模式。通常，运营模式包括以下几种。

1. 正常模式

除票房售票机外，所有车站设备通过中央计算机、车站计算机及设备本地控制将设备设置为正常服务模式。在操作员登录后，票房售票机进入正常服务模式。在正常模式下，车站设备能处理乘客车票、发售车票或处理现金，检票机方向指示器显示"通行"标志，各设备的乘客显示器显示允许使用等信息。

2. 关闭模式

通过车站计算机、中央计算机及检票机本地控制，可将检票机、自动售票机设置为关闭模式，票房售票机在未登录前为关闭模式。

在关闭模式下，所有设备不能处理车票和现金，检票机方向指示器显示"禁止通行"标志，扇门关闭，各设备的乘客显示器显示设备关闭及暂停服务等信息。

3. 维修模式

通过本地控制，车站维护人员可将检票机和售票机设置为维护模式，对检票机进行设备测试及维护。

在维修模式下，所有设备不能处理车票及现金，但在特定命令下可以使用测试车票。检票机的方向指示器显示"禁止通行"标志，检票机处于关闭状态，各设备的乘客显示器显示暂停服务及相关的维修信息。

4. 故障模式

在车站设备发生故障时，设备自动进入故障模式，根据故障等级将设备关闭或继续服务。在故障模式时，设备无论处于暂停服务或服务状态，乘客显示屏将显示有关故障码。设备若因故障而暂停服务时，乘客显示器显示故障信息及暂停服务等信息，检票机的方向指示器显示"禁止通行"标志，检票机处于关闭状态，设备能自动对发生的故障进行检测，在故障恢复后，自动退出故障模式。

5. 列车故障模式

当轨道交通列车出现运营故障使部分车站暂时中止运营服务时，暂停服务的车站需要将自动售检票系统设备设置到"列车故障模式"。在列车故障模式情况下，已经购买单程票的乘客，可以在一段时间（时间段通过中央计算机设置）内继续使用该车票，乘坐符合票值的车程。

列车故障模式见表 4-2。

表 4-2 列车故障模式

序号	列车故障模式	描述
1	进出站次序免检模式	在乘客拥挤的情况下，允许乘客不通过进站检票机进入付费区。AFC 设置"进出站次序免检模式"
2	车票时间免检模式	如果由于城市轨道交通的原因，引起列车延误或者乘客进站后在系统停留的时间超过系统设置的乘车时间，那么，为了使这部分乘客能正常离开车站，系统将设置"车票时间免检模式"
3	车票日期免检模式	若由于城市轨道交通的原因，导致车票过期，则设置车票日期免检模式，在此模式下允许过期的车票继续使用
4	车费免检模式	某车站因为事故或故障关闭，导致列车越过该站后才停车，在这种情况下，系统将设置"车费免检模式"
5	紧急运行模式	车站内所有检票机扇门全部打开，不对车票进行处理，方便乘客紧急疏散，乘客不需要使用车票就可以自由离开车站 该模式可由车站计算机操作启动，在乘客显示器、付费区、非付费区显示停止标记 紧急放行控制键设在便于操作的位置上，并用红色表示
6	系统预留设置	为方便运营，每个车站具有多种车站系统运作模式，用于车站系统的运作及客流控制 允许乘客通过中央计算机预定义多种车站系统的运作模式，具体预留几种可由车站自行定义

课题五 自动售检票系统发展趋势

随着城市轨道交通的快速发展，相应技术的进步以及不同政策组合的灵活应用，自动售检票系统总的发展趋势是标准化、简单化、集成化和人性化。

1. 标准化

为提高城市轨道交通自动售检票系统的可靠性、可用性、可维护性和安全性，根据《国务院办公厅关于保障城市轨道交通安全运行的意见》（国办发〔2018〕13号），交通运输部制定了《城市轨道交通自动售检票系统运营技术规范（试行）》。

2. 简单化

为适应快节奏的社会生活，乘客必然选择操作简单、出行高效的交通工具，城市轨道交通自动售检票系统也必然向操作简单化方向发展。

3. 集成化

城市轨道交通路网的形成使自动售检票系统规模越来越大，同时，城市轨道交通与其他交通方式之间的关系也越来越密切，互相兼容、联乘优惠、跨系统结算等必然造成各种系统的关联度越来越高。建立统一、标准化、跨平台、跨系统的自动售检票系统是发展的必然方向。

4. 人性化

自动售检票系统本来就是密切结合应用和利益的系统，从"以人为本"的理念出发，自动售检票系统的操作方式和界面也必然越来越人性化。

【任务实践】

1）写出在所参观的车站中使用了自动售检票系统的哪些终端设备，并分析是否能满足客流量的需求。绘制自动售检票系统的平面布局图，并说明为什么需要这样布置。

2）请分析在所参观车站中的旅客信息服务系统和自动售检票系统有哪些可以进一步改进的地方，书写一个改进建议。

【课外拓展】

根据下面材料的描述情况，了解自动售检票系统测试研究现状与检测的主要内容。

1. 自动售检票系统测试研究现状

关于自动售检票系统检测主要从以下几个方面进行：单体硬件特性测试（如电磁兼容、安全性等）、网络、软件、数据库、机械可靠性、系统开放性和兼容性、系统安全性等测试。此外还应该进行压力测试、模拟大客流测试。依据的标准有 GB/T 20907—2007，GB 55033—2022，GB/T 50381—2018，CJJ/T 162—2011，此外还包括一些地方上的标准，如北京关于城市轨道交通的《导则》，广州的《AFC 测试行业标准》等。

2. 自动售检票系统测试研究

结合信息存储测评室的业务需求，主要研究自动售检票系统在车站计算机系统检测、线路中央计算机系统检测、票务清分系统检测中有关计算机系统、网络、数据库、软件方面的测试，而对于其设备硬件特性测试，在这里不做讨论。自动售检票系统网络结构如图 4-8 所示。

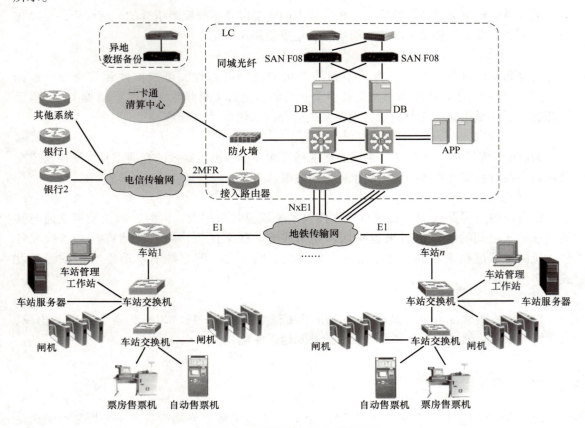

图 4-8　自动售检票系统网络结构

本部分以车站计算机系统的检测为例进行具体说明。

(1) 车站局域网网络测试

1) 车站局域网连通性测试。车站局域网是车站计算机系统不可缺少的一部分。测试车站局域网网络连通性，保证局域网内的所有网络设备都是可达的，通常可以用 ping 命令来测试，同时也可以用网络分析仪进行测试。

2) 车站局域网网络性能测试。测试局域网内系统容量、带宽、延时、流量控制、丢包率等性能指标，通过网络分析仪进行测试。

(2) 车站计算机系统功能检测

1) 车站计算机与中央计算机系统通信检测。车站计算机与中央计算机系统应该能够双向通信正常。

2) 车站计算机与车站所有终端设备通信检测。车站计算机与车站所有终端设备应该能够双向通信正常。

【思考练习】

一、填空题

1. 城市轨道交通票务系统已发展成为自动化程度高，功能完备的_____（Automatic Fare Collection System，AFC系统）。从城市轨道交通建设费用组成来看，自动售检票系统只是整个工程中很小的一部分，但从功能角色来看，自动售检票系统却是保证业务正常运营的支撑系统之一。

2. 城市轨道交通票务系统的业务管理是借助_____来实现的，主要内容有票卡管理、规划管理、信息管理、模式管理和运营监督等。

3. 自动售检票系统的基本架构形式有_____、分散式架构、_____、完全集中式架构、_____五种。

二、连线题

车站终端设备	Line Computer
车站计算机	Automatic Fare Collection System
线路中心计算机	Station Computer
乘客信息系统	AFC Clearing Center
自动售检票系统清算管理中心	SLE
自动售检票系统	Passenger Information System

三、识图题

查看图4-9，说明图中自动售检票系统涉及哪几个层次。

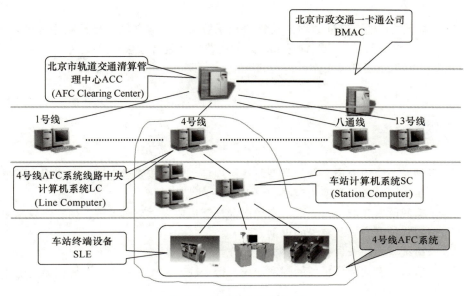

图4-9 自动售检票系统图

单元五 票卡媒介

不管是乘坐城市轨道交通还是其他公共交通，人们首先要做的就是购票。车票是直接面向乘客的，是乘客乘车的凭证。车票记载了乘客从购票开始，完成一次完整行程所需要和产生的费用、时间、乘车区间等信息。

城市轨道交通根据其特点，为满足不同消费群的需求，地铁运营方提供多种形式的车票供乘客自由选择，作为乘客和站务人员，都应熟悉各种类型车票的使用规定及购买方式。

【学习导入】

票卡位于城市轨道交通线网自动售检票系统架构的第五层，是反映乘客使用情况的信息载体，是系统运营数据的关键源头，票务处理与交通出行息息相关。

本单元主要介绍票卡媒介。

【学习目标】

1. 了解城市轨道交通车票的类型及使用规定，做到按要求使用，不违规、不越矩。
2. 了解不同种类票卡使用范围。
3. 了解我国主要城市一卡通的应用情况及使用要求，与时俱进，树立终身学习理念。
4. 理解售检票方式及票卡的识别方式。
5. 掌握纸票、磁卡、智能卡的构成、分类及特点。
6. 了解与本专业岗位相关的国家法律、行业规定，如车票实名制等相关的法律法规。

课题一　车票体系发展历程

车票相当于自动售检票系统这条生产流水线的最终产品,是乘客乘车的重要凭证,其形式多种多样,在城市轨道交通系统应用中主要有单程票、多程票、储值票、纪念票、出站票、员工票、公共交通卡等,供乘客选用。

城市轨道交通车票体系大致可分成图 5-1 所示的三个发展阶段。

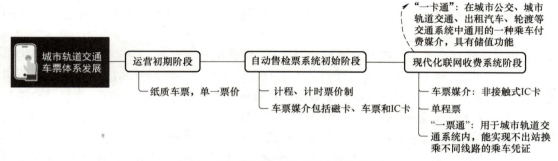

图 5-1　城市轨道交通车票体系发展阶段

 课题二　车票分类

票卡就是乘客使用的车票,用于记载乘客的出行和费用信息,是乘坐城市轨道交通的有效票据和凭证,是对城市轨道交通自动售检票系统影响最大的因素之一,它决定了系统信息的组成。

不同票卡媒介记载信息的方式和数量是不同的,根据信息记载方式不同,识别方式也会不同,识别终端也会不同,售检票模式在很大程度上就会发生变化。因此,不同的票卡媒介会对应不同的识别系统。

常用的票卡识别方式可分为人工视读识别和终端设备自动识别两种方式。

一、票卡媒介

目前常见的票卡媒介有三种,如图 5-2 所示。

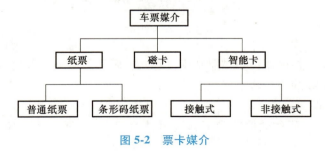

图 5-2　票卡媒介

1. 纸质车票

车票按材质可分为纸质车票和磁卡车票。常见的纸质车票有普通纸票和条形码纸票。

（1）普通纸票 普通纸票是将车票的所有信息都直接印刷在车票上，由票务人员识读确认，如图 5-3 所示。票面上的基本信息包括：车票编号、出票站点、乘车日期、乘车车次、乘车区间、票款金额、时间限制以及换乘等信息，既对购票人有明示作用，同时也便于票务人员检查核对。

图 5-3　普通纸票

普通纸票的信息是只读信息，因此不能作为储值票，只能作为单程票或特殊用途的车票。

普通纸票适用于人工售检票的票务运作模式，每张纸票相当于一张定额发票，只能提供给乘客乘坐一次地铁的服务。普通纸票一般由存根、主券、进站副券和出站副券四部分构成。乘客在购票过程中，票务人员从车票存根处撕下后将其余部分交给乘客，存根是地铁车站内部进行收益稽核时使用的；进、出站副券分别是乘客在进、出站检票时，提供给检票人员检查的；主券是最后留给乘客，供乘客收藏或作为报销凭证使用的。

（2）条形码纸票 将车票的相关信息通过条形码编码储存，需要条形码扫描仪完成信息识别，编码的信息只供读取而不能改写。

条形码（Barcode）是将宽度不等的多个黑条和空白，按照一定的编码规则排列，用以表达一组信息的图形标识符。常见的条形码是由反射率相差很大的黑条（简称条）和白条（简称空）排成的平行线图案，这些黑条和空白可以有各种不同的组合方法，构成不同的图形符号，即各种符号体系，也称为码制，应用于不同的场合，它们组成的数据编码可以供机器识读，而且很容易译成二进制数和十进制数。条形码系统是由条码符号设计、制作及扫描阅读组成的自动识别系统。在条形码车票中，车票的信息是通过条形码编码实现的，如图 5-4 所示。

图 5-4　条形码纸票

条形码的扫描需要扫描器，扫描器利用自身光源照射条形码，再利用光电转换器接受反射的光线，将反射光线的明暗转换成数字信号。

1）条形码的优点。

① 可靠性强：条形码的读取准确率远远超过人工记录，平均每 15000 个字符才会出现一个错误。

② 效率高：条形码的读取速度很快，相当于每秒 40 个字符。

③ 成本低：与其他自动化识别技术相比较，条形码技术仅仅需要一小张贴纸和构造相对简单的光学扫描仪，成本相当低廉。

④ 易于制作：条形码的编写很简单，制作也仅仅需要印刷，被称为"可印刷的计算机语言"。

⑤ 构造简单：条形码识别设备的构造简单，使用方便。

2）条形码纸票的特点。条形码纸票具有信息存储量较大、自动识别速度较快、读码效率较高、纠错能力较强的特点，可提高检票系统的处理速度和识别性能，有利于车票的自动化检测。但条形码车票只能在购票时记录站名和发售时间，无法记录进站时间和闸机编号等及时统计信息，对计时制管理的票务系统有一定的影响。

条形码的大小、长短可以任意调节，能够打印在狭小的空白空间。在纸票上增加条形码虽然会增加车票的成本，但同时能提高防伪能力和检票效率。由于条形码的信息量有限，可以复制，在一些安全性不高的场所可适当使用。读写过程中，在某些客流量不大的场合，可不采用吞吐卡设备，直接在激光扫描平台上扫描条码，操作简单成本较低，维护和使用也比较方便。

对于出票系统的打印机而言，其技术要求就是出票速度快。因此，一般将票面的一些固定信息预先印刷在票面上，在出票时仅打印当时的必要信息，以减少打印量，提高打印速度。

正常情况下纸票的操作程序如下：

① 乘客进站时，检票人员撕下乘客纸票的副券 1。

② 乘客出站时，检票人员核查乘客所持纸票上的站名、日期章以及纸票票价无误后，撕下乘客纸票的副券 2。

③ 若乘客的车票超程时，需在票务处补足相应的车费（乘客携带的行李票超程时，乘客需补交行李相应的超程费用）。

普通纸票由于所有信息印制在票面上，故其保密性不好，容易伪造，需要增加一些防伪措施，可在票面上印刷加密图形等安全信息，但同时也会给视读带来较大的困难。车票的有效性只能靠票面上的加密图案来保证。设计纸票时，可根据应用环境来确定票面相关信息，加密图形可以以节日、大型活动或者商业广告为题材。

2. 磁卡车票

（1）磁卡　磁卡是一种磁记录介质卡片。它由高强度、耐高温的塑料或纸质涂覆塑料制成，能防潮、耐磨且有一定的柔韧性，携带方便、使用较为稳定可靠。通常，磁卡的一面印刷有说明提示性信息，如插卡方向；另一面则有磁层或磁条，具有 2~3 个磁道以记录有关信息数据。其结构如图 5-5 所示。

磁卡成本低廉，易于使用，便于管理，且具有一定的安全特性，因此它的发展得到了很多世界知名公司，特别是各国政府部门几十年的鼎力支持，使得磁卡的应用非常普及，遍布国民生活的方方面面。

（2）磁条与磁道　磁条是一层薄薄的由排列定向的铁性氧化粒子组成的材料（也称之为颜料）。用树脂粘合剂严密地粘合在一起，并粘合在诸如纸或塑料等非磁基片媒介上。从本质意义上讲和计算机用的磁带或磁盘是一样的，它可以用来记载字母、字符及数字信息。

磁条中所包含的信息一般比长条码大。

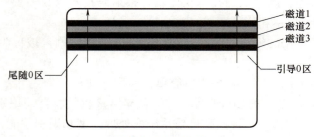

图 5-5 磁卡构成

通常磁条上有 3 个磁道，分别是磁道 1（TK1）、磁道 2（TK2）、磁道 3（TK3），这些磁道为读写磁道，在使用时可以读出，也可以写入。

磁道 1 可记录数字（0~9）、字母（A~Z）和其他一些符号（如括号、分隔符等），最大可记录 79 个数字或字母。

磁道 2 和磁道 3 所记录的字符只能是数字（0~9）。磁道 2 最大可记录 40 个字符，磁道 3 最大可记录 107 个字符。

（3）磁卡车票　磁卡车票有纸质磁卡车票和塑质磁卡车票，两者都是在基片上设置磁记录区域，通过磁条上的磁道记录有关的信息，通过读写设备获取相关信息，信息是可修改的。

（4）磁卡标准　磁卡制作需遵守一定的标准，如 GB/T 14916—2022 或 ISO 7810：2003 等，标准卡对卡的尺寸、卡的构造、卡的材料、卡的特性做了规定，见表 5-1。新的标准可通过国家标准全文公开系统查阅，如 GB/T 17554.2—2015，GB/T 15120.1—2013 等。

表 5-1　磁卡标准

标准名称	规定内容
ISO 7810：1985 识别卡 物理特性	规定了卡的物理特性，包括卡的材料、构造、尺寸。卡的尺寸为宽度 85.47~85.72mm，高度 53.92~54.03mm，厚度（0.76±0.08）mm，卡片四角圆角半径 3.18mm，一般卡的尺寸为 85.5mm×54mm×0.76mm
ISO 7811—1：1985 识别卡 记录技术 第 1 部分：凸印	规定了卡上凸印字符的要求（字符集、字体、字符间距和字符高度）
ISO 7811—2：1985 识别卡 记录技术 第 2 部分：磁条	规定了卡上磁条的特性、编码技术和编码字符集
ISO 7811—3：1985 识别卡 记录技术 第 3 部分	ID-1 型卡上凸印字符的位置
ISO 7811—4：1985 识别卡 记录技术 第 4 部分	只读磁道的第 1、2 磁道位置
ISO 7811—5：1985 识别卡 记录技术 第 5 部分	读写磁道的第 3 磁道位置

（续）

标准名称	规定内容
出厂标准（按 ISO 7811、ISO 7816 国际标准）	卡基尺寸标准：卡基长度为 85.47~85.72mm；宽度为 53.92~54.03mm ISO 标准（磁卡）厚度：0.76mm（不含磁条厚度） IC 卡厚度：(0.84±0.02) mm 特殊厚度：依据需方要求制作，误差为±0.03mm 印刷工艺：根据用户需求的不同，有胶印、丝印、打印等多种印刷方式，采用其中一种甚至多种印刷方式印刷，同时根据需求可以在卡片上增加烫金、烫银等特殊工艺专版，以达到用户所需最佳质量及视觉需求

3. 智能卡车票

（1）根据镶嵌芯片的不同划分　智能卡车票根据镶嵌芯片不同可划分为存储器卡、逻辑加密卡、CPU 卡和超级智能卡。

1）存储器卡。存储器卡的卡内芯片为电擦除式可编程只读存储器（Electrically Erasable Programmable Read-Only Memory，EEPROM）。它仅具有数据存储功能没有数据处理能力；存储卡本身无硬件加密功能，只在文件上加密，很容易被破解。这种卡片存储方便、使用简单、价格便宜，在很多场合可以替代磁卡。由于该类 IC 卡不具备保密功能，因而一般用于存放不需要保密的信息。

2）逻辑加密卡。逻辑加密卡片除了具有存储卡的 EEPROM 外，还带有加密逻辑，每次读写卡之前要先进行密码验证，如果连续几次密码验证错误，卡片将会自锁，成为死卡。加密逻辑电路可在一定程度上保护卡和卡中数据的安全，但只是低层次防护，无法防止恶意攻击。该类卡片存储量相对较小，价格相对便宜，适用于有一定保密要求的场合。

3）CPU 卡。CPU 卡的芯片内部包含微处理器单元（CPU）、存储单元和输入/输出接口单元。CPU 管理信息的加/解密和传输，严格防范非法访问卡内信息，发现数次非法访问，将锁死相应的信息区。CPU 的容量有大有小，价格比逻辑加密卡要高。但 CPU 卡良好的处理能力和保密性能，使其成为 IC 卡发展的主要方向。CPU 卡适用于保密性要求特别高的场合。

（2）根据卡与外界数据交换的界面划分　智能卡车票根据卡与外界数据交换的界面不同可划分为非接触式 IC 卡、接触式 IC 卡、双界面卡和异形 IC 卡四种。

在 CPU 卡的基础上增加键盘、液晶显示器、电源，即成为超级智能卡，有的卡上还具有指纹识别装置。

1）非接触式 IC 卡车票。

① 非接触式 IC 卡车票结构。非接触式 IC 卡又称射频卡，由 IC 芯片、感应天线组成，并完全密封在一个标准塑制卡片中，无外露部分，成功地将射频识别技术和 IC 卡技术结合起来，解决了无源（卡中无电源）和免接触这一难题，是电子器件领域的一大突破。卡片在一定距离范围（通常为 5~10cm）靠近读写器表面，通过无线电波的传递来完成数据的读写操作。非接触式 IC 卡车票是将车票的所有信息储存在车票的集成电路中，用非接触式 IC 卡读写设备获取相关信息。其结构如图 5-6 所示。

非接触式 IC 卡继承了接触式 IC 卡大容量、高安全性等优点的同时，又克服了接触式 IC 卡所无法避免的缺点，如读写故障率高，由于触点外露导致的污染、损伤以及插卡这种不变的读写过程。将射频识别技术用于非接触式 IC 卡也对它产生了特殊的要求,从技术上看主要有以下几点:射频技术、封装技术、低功耗技术、安全技术。

a. 射频技术。由于 IC 卡的尺寸限制以及卡上的应答器不能有电源系统,需要由寻呼器(读写设备)通过无线电波方式供电,卡内需埋装特殊设计的天线,须保证有良好的抗干扰能力,而且还要有"防冲突"电路。

b. 封装技术。由于 IC 卡的尺寸限制以及卡上装的应答器天线、芯片及其他特殊部件,为确保卡片的大小、厚度、柔韧性和高温高压工艺中芯片电路的安全性,需特殊的封装技术和制造设备。

c. 低功耗技术。无论是有源方式还是无源方式设计的非接触式 IC 卡,最基本的要求是功耗小,以提高卡片使用寿命和扩大应用场合,因此卡内一般都采用非常苛刻的低功耗工艺和有关技术,如电路设计采用"休眠模式"进行设计。

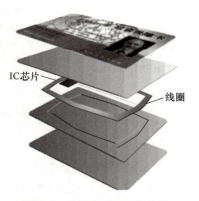

图 5-6　非接触式 IC 卡结构

d. 安全技术。除了卡的通信安全技术外,还要与卡用芯片的物理安全技术和卡片制造的安全技术相结合,以构成强大的安全体系。

② 非接触式 IC 卡的类型。非接触式 IC 卡车票有卡型、筹码型和 CPU 卡三种类型。

a. 卡型 IC 车票:某些城市轨道交通使用的单程车票是卡型塑质非接触式集成电路(IC)卡,即卡型 IC 车票,如北京、上海等,其尺寸通常为 85.9mm×54mm×0.5mm。

b. 筹码型 IC 车票(图 5-7):部分城市轨道交通使用的单程票是筹码型非接触式集成电路(IC)卡,简称筹码,如广州等。筹码型 IC 卡是在直径为 30mm、厚度为 2mm 的非金属材料圆盘内,嵌装集成电路及天线,通过电感耦合方式与筹码读写器进行操作的非接触式 IC 卡。

图 5-7　筹码型 IC 车票

c. CPU 卡:CPU 卡又称微处理器卡,由一个或多个集成电路芯片组成,封装在便于携带的卡片内。在集成电路中有中央处理器(CPU)、随机存储器(RAM)、程序存储器(ROM)、数据存储器(EEPROM),以及片内操作系统(COS)。CPU 卡具有暂时或永久存储数据的能力,其内容可供外部读取或供内部处理和判断之用,同时还具有逻辑处理、命令处理和数据安全保护等功能,用于识别和响应外部提供的信息和芯片本身判断状态和指令执行的逻辑功能。CPU卡因其安全性高，功能完善，将成为技术和市场发展的趋势。

③ 非接触式IC卡的工作原理。非接触式IC卡本身是无源体，它与读卡器之间通过无线电波来完成读写操作。两者之间的通信频率为13.56MHz。

当读写器对卡进行读写操作时，读写器发出的信号由两部分叠加组成：一部分是电源信号，该信号由卡接收后，与其本身的L/C产生谐振，产生一个瞬间能量来供给芯片工作。另一部分则结合数据信号，指挥芯片完成数据修改、存储等，并返回给读写器。

读写器则一般由单片机、专用智能模块和天线组成，并配有与PC的通信接口、打印口、I/O接口等，以便应用于不同的领域。

④ 非接触式IC卡的技术特点。非接触式IC卡完全密封的形式及无接触的工作方式，使之不受外界不良因素的影响，从而使用寿命完全接近IC卡芯片的自然寿命，因而卡本身的使用频率和期限以及操作的便利性都大大高于接触式IC卡。

2) 接触式IC卡车票。接触式IC卡是指将智能卡的绝大部分电气部件进行封装，而将外部连接线路做成触点外露，按一定的规则排列接触点极。在进行读写操作时，卡片必须插入读卡器的卡座中，通过触点与读卡设备交换信息。接触式IC票卡由微处理器、操作系统、加密逻辑、串行EEPROM及相关电路组成。接触式IC卡一般由基片、接触面及集成电路芯片构成，其外观结构如图5-8所示。

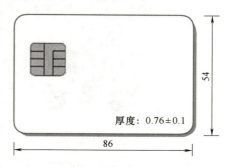

图5-8　接触式IC卡外观结构

接触式IC卡外形与磁卡相似，它与磁卡的区别在于数据存储的媒体不同。磁卡是通过卡上磁条的磁场变化来存储信息的，而接触式IC卡是通过嵌入卡中的电擦除式可编程只读存储器集成电路芯片来存储数据信息的。因此，与磁卡相比较，接触式IC卡具有以下优点：存储容量大，安全保密性好，CPU卡具有数据处理能力，卡的抗磁性、抗静电及抗各种射线的能力强，抗机械、抗化学破坏的能力也强，因此接触式IC卡的使用寿命较长，其相关设备的成本也较磁卡低。

但是，在接触式IC卡的普及过程中，逐渐发现了下列弊端：

① 卡在读写器上经常插拔造成的磨损导致接触不良，从而引起数据传输错误，并且卡与读写器之间的磨损也大大缩短了卡和读写器的使用寿命。例如，由粗暴、倾斜或不到位插卡，非卡外物插入，以及灰尘、氧化、脱落物或油污导致接触不良等原因造成的故障。

② 由于集成电路芯片有一面在卡片表面裸露，容易造成芯片脱落，静电击穿，弯曲、扭曲损坏等问题。

③ 卡片触点上产生的静电可能会破坏卡中的数据，如因环境腐蚀及保管不当，可能会造成卡触点损坏使IC卡失效。

④ 接触卡的通信速率较低，再加上插拔卡的动作延误，造成每一笔交易需要较长时间的等待，严重影响其在需要快速响应场合的应用。

3) 双界面卡。双界面卡是基于单芯片的，集接触式与非接触式接口为一体的智能卡，这两种接口共享同一个微处理器、操作系统和应用数据 EEPROM。卡片包括一个微处理器芯片和一个与微处理器相连的天线线圈，由读写器产生的电磁场提供能量，通过射频方式实现能量供应和数据传输。

4）异形 IC 卡。标准卡为国际统一尺寸的卡品，它的尺寸是 85.5mm×54mm×0.76mm。如今由于个性需求，印制不受尺寸的限制，导致了在世界各国出现不少形形色色的"怪异"卡，此类卡称之为异型卡。其中诸如长方形、正方形、三角形、椭圆形等几何形卡，称为"非标准卡"；把动物形状、娃娃形状的一些特别形状的卡称为"准异形卡"。相对而言，"准异形卡"的制作工艺要比几何形卡难度大一些。

异形卡并不是指某种类型的卡。通俗地说，形状上非规则的都可以称为异形卡。异形卡内可以封装各种各样的芯片，也就是说可以具有多种不同的功能。异形卡如图 5-9 所示。

图 5-9　异形卡

常见的异形卡主要有两种用途，一是用于胸卡，根据客户的不同要求，胸卡的大小差异很大，最小的为 20mm×40mm，最大的为 90mm×130mm。具备不同尺寸、不同形状的卡，可适应不同客户的不同要求。二是用于门禁卡，异形卡均做成几十种形状，如匙扣卡、钱币卡，既现代又美观。异形卡分类见表 5-2。

表 5-2　异形卡分类

分类形式	种类
按行业分类	公交异形卡、门禁异形卡、商场异形卡、酒店异形卡、服装异形卡
按材质分类	PVC 异形卡、金属异形卡、普通纸异形卡
按使用环境分类	普通异形卡、抗金属异形卡
按工作方式分类	接触式异形卡、非接触式异形卡、双界面异形卡、复合异形卡
非接触式异形卡分类	低频异形卡（125kHz）、高频异形卡（13.56MHz）、超高频异形卡（850～930MHz）、微波异形卡（2.45GHz、5.8GHz）

（3）根据卡与外界进行交换时的数据传输方式划分　智能卡车票根据卡与外界进行交换时的数据传输方式不同可划分为串行 IC 卡和并行 IC 卡两种。

4. 纸票、磁卡、IC 卡比较

纸票、磁卡、IC 卡比较见表 5-3。

表 5-3 纸票、磁卡、IC 卡比较

票种	检票方式	优缺点
纸票	需要大量的工作人员且需人工进行售检票	缺点：工作效率极其低下，纸票只能使用一次，容易造成资源浪费，并且在车票和现金的管理上也存在着漏洞
磁卡	自动检票	利用磁性载体记录车票的相关信息，磁卡的读写相对简单容易，使用也比较方便，而且可以重复使用 优点：1）可以进行机读，提高了自动化程度；2）票卡生产方便，成本较低；3）可循环使用，降低能源消耗
IC 卡	自动检票	优点：存储容量大，信息记录的可靠性高、安全性高、保密性高以及可脱机使用等

虽然磁性票卡技术在 20 世纪 70 年代有所发展，围绕磁票的自动售检票系统设备应用已久，但磁性票卡的运营成本较高，进一步推广较困难，主要表现在以下几个方面：

1）票卡成本相对较高，虽然可采用回收重复使用模式（地铁），但会带来许多问题，如要对客票进行消毒处理、提供报销凭证、客票回收后各站对其清空与分配等，给运营单位增加了负担。

2）自动售检票系统要频繁地对磁卡进行接触式读写，不可避免地要每天投入大量人力、物力对磁头进行消磁和除尘清洗。

3）磁卡的自动售检票系统设备由于需要较精密的传输机构，机械结构复杂，精密度要求高，因而设备造价较高，对维护人员的素质要求也较高。另外，由于机构动作频繁，造成机械磨损后的维护成本较大。

4）磁条的读写次数有限，当磁卡使用到一定次数后，就会对磁条的读写产生影响。

5）磁卡使用中容易受到诸多外界磁场因素的干扰而改变存储内容。

6）由于密钥随票携带，极易被复制伪造，特别是现有的安全技术已难以满足越来越多的对安全性要求较高的应用需求。

二、车票类型

根据制作的材质、使用的时间、使用的次数、使用的线路等不同，使用车票的类型也不一样。具体分类见表 5-4。

表 5-4 车票分类

序号	划分方式	车票类型	描述
1	采用的媒介	纸质车票	纸质车票上印有票价、站名和编号等
		筹码车票	采用代币，投入后能开启闸门
		磁卡车票	塑料基片上载有密码、编号、车资、进站时间等信息
		IC 卡车票	塑料基片上封装了集成电路芯片等，具有存储容量大、保密性能强、使用寿命长等特点
2	使用时间的限制	普通车票	只能在当日一定时间内乘车使用
		定期车票	可在一段时间内（如周内、季内或年内）乘车使用

（续）

序号	划分方式	车票类型	描述
3	使用次数的限制	单程车票	供一次乘车使用
		储值车票	在车资用完前可多次乘车使用
4	使用线路的限制	专线车票	只能在指定线路乘车使用
		联合车票	可以在多条线路（既可以是轨道交通线网的线路，也可以是票制一体化下的常规公交线路）乘车使用
5	发行方	城市轨道交通专用票	只应用于城市轨道交通乘车使用
		一卡通储值卡	可应用于公共系统允许的所有场合
6	出站时回收方式	回收类车票（薄卡）	每次使用后均回收，包括单程票、出站票、福利票及其他预留票（如带行李单程票、往返票）
		非回收类车票（厚卡）	每次使用后不回收，包括一卡通储值卡、纪念票、车站工作票、员工卡及其他预留票（如一日票、区段票、计次纪念票、定期纪念票）

除了以上主要的分类外，根据车票发售对象的不同，车票还有乘车证、学生票等。

三、车票术语

（1）单程票　单程票是指乘客以一定金额购得一次服务旅行承诺，只可进行一次进站和一次出站行为的车票。目前，国内城市轨道交通票务系统中常见的单程票有方卡形和筹码形两种。在实际运营过程中，从应用角度出发，又分为普通单程票和预置单程票，而预置单程票又分为限期预置票和不限期预置票。单程票一般分为以下几种：普通单程票、应急票、优惠票、出站票。该种票证可日常使用，车票有面值，限当日、当站使用，在下车站由出站检票机自动回收。单程票如图 5-10 所示。

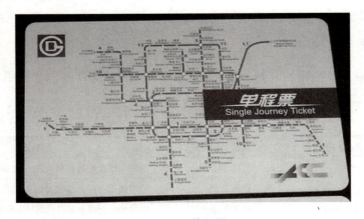

图 5-10　单程票

这种票证的特点是当日使用、限单人、单次、限时；不可挂失；当使用出现超程或超时时，需按规定补票。

（2）储值票　储值票是指车票内预存一定资金，在金额足够的情况下可多次使用的车票，每次使用时根据费率扣除乘车费用，出站不回收。一般可分为普通储值票、优惠票、纪念票几种。这种票证可日常使用，车票有面值，乘客一次购票、多次使用，并有尾程优惠，可设定使用有效期，使用完毕可回收。

这种票证的特点是在办理时需要收取押金，可充值，但不可挂失，并且在进站时进行检票，乘车完毕出站时需要扣除乘车费用。

（3）纪念票　为纪念政治、经济、文化等重大事件或题材而限量发售、兼有乘车和收藏功能的车票。车票有面值并有尾程优惠，可设定使用有效期，使用完毕一般不回收。纪念票如图5-11所示。

图 5-11　纪念票

根据使用情况不同，纪念票可细分为如下几种类型，具体类型见表5-5。

表 5-5　纪念票分类

序号	类型	描述
1	定值纪念票	限定票值总额、尾程优惠允许出站、进站刷卡，出站经回收口扣费后原卡退还乘客
2	计次纪念票（预留）	规定区段内不计里程
3	定期纪念票（预留）	在有效期内，规定区段内单人不限次使用

这种票证的特点是不能退换，在有效期内不可更新、不回收、不可挂失、不可充值。

（4）应急票　在大客流时应急使用，类似单程票，由车站人工发售，使用有效期与使用车站可设定，一般限当日、当站使用，使用完毕回收。

（5）多程票　车票设定使用有效期与使用次数。例如，在使用有效期内，每天乘车不超过规定次数，使用完毕可回收。

（6）乘车证　乘车证持有人主要是员工，因此又称为员工票。为加强票务管理，乘车证可设定使用有效期，如仅在月内或季内有效；设定允许使用次数，如每天允许持有人进出检票机几次。乘车证是一种特殊的多程票。

（7）出站票　乘客在付费区补票出站，限当日、本站、单人出站使用。

（8）福利票　持有效可免票证件（图5-12）的乘客换取的车票。通过检票机时，有特殊的提示。

图 5-12　可免票证件样本

（9）车站工作票　限指定车站使用，不检查进出站次序；可挂失。

（10）员工卡　有效期内在规定区段内使用；记名使用的计次票，可挂失；员工票通过检票机时，有特殊的提示。员工卡如图 5-13 所示。

（11）区段票　区段票分为区段计次票和区段定期票。区段计次票是在有效期内在规定区段内计次使用的车票，超过规定区段需补票；区段定期票是在规定区段内定期使用的车票，超过规定区段需补票。

（12）许可票或特种票　许可票是一种不同于单程票和储值票的特殊票种，由运营方根据某种特殊需要，针对某些群体的特殊要求，以吸引或方便他们来乘坐地铁为目的而发行的，赋予特定的使用许可的一种车票，在限定的条件下具有一定的优惠。

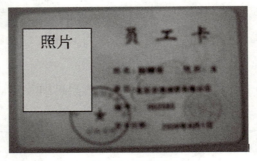

图 5-13　员工卡

许可票一般分为以下几种：

1）公务票。供城市轨道交通相关从业人员工作使用的车票。

2）测试票。测试票是一种对自动售检票系统设备进行维护诊断用的特殊车票，只能在设备属于维护模式由维修人员测试设备时使用。

3）乘次票。被赋予固定乘次许可，在有效期及许可范围内可以重复使用。通常该种车票在使用时只计次数，不计里程。

（13）一卡通　一卡通是城市轨道交通自动售检票系统中的车票介质，按照统一规则、统一卡片类型及统一管理模式在城市轨道交通各线路中使用。国内一些大城市如北京、上海、香港、广州、深圳、南京等地都已广泛应用。

四、车票使用规定

不同城市轨道交通公司对车票使用规定都有不同，下面以深圳市交通运输局发布的"地铁车票使用规定"为例来说明。

（1）单程票使用规定　乘客应当持对应车厢种类的有效单程票进站乘车，并在规定时限内出闸；普通单程票经车站自动售票机发售，仅在售出站当日乘车有效，单程票逾期，车站予以回收（当日指售出运营日）。单程票出站时应当交还运营单位，不予交还的，运营单位有权收回车票并按照持无效车票处理。

（2）"深圳通"卡使用规定　乘客持"深圳通"卡在本站进出需收取最低车资，且在客服中心异常处理不享受折扣优惠。持"深圳通"卡的乘客在优惠通道刷卡出闸。"深圳通"卡有效期按深圳通公司发行管理办法执行。

（3）计次票使用规定　在有效期及规定区段内单人限次乘坐城市轨道交通，每次不计里程，每单程不超过规定时限；持计次票不办理挂失、换卡、退卡、续用手续，非人为原因车票失效，由发行运营单位车间客服中心进行处理；持计次票乘客携带大件行李，需另行购买行李票。

（4）儿童票使用规定　身高 1.2m 以下的儿童免费乘坐市内城市轨道交通；1.2～1.5m 的儿童按全程票价 5 折优惠乘坐市内城市轨道交通。6 周岁以下的儿童凭深圳通公司核发的深圳市儿童乘车卡免费乘坐市内城市轨道交通。

（5）行李票使用规定　携带质量大于 20kg 且不超过 30kg 的物品，或者外部尺寸长宽高之和大于 1.4m 且不超过 1.6m 的物品乘坐普通车厢的，需到客服中心购买与普通单程票车次等额的行李票；乘客携带质量超过 30kg 或者外部尺寸长宽高之和超过 1.6m 的物品，一律不得进站乘车。

课题三　票　制

在城市轨道交通自动售检票系统中，影响最大的因素之一就是车票制式，它决定了系统信息的组成。一旦系统的车票制式确定，再对其进行更改将会造成极大的影响。所以，售检票系统对于信息源头——票卡的选择尤为重要。

1. 单一票制

单一票制根据乘车次数（计为一次）进行计费，与实际乘坐的距离长短及换乘无关。

2. 分段计程票制

分段计程票制是经进、出站检票，按照实际乘坐距离长短（里程或乘坐车站数），根据票价计费标准计算乘车费用的票制。目前国内所有城市均采用此种票制。

3. 混合票制

混合票制是综合考虑乘客运距，乘客占用收费区（如地下站台层，一般以检票口为界，检票口内即为收费区）时间，乘坐时间段（如节假日与工作日，高峰与低谷等）等因素核算票价，进行计费的一种票制。

车票流程如图 5-14 所示。新票卡采购回来后，首先在制票中心进行编码、赋值等初始化处理，然后配送给各个车站，通过半自动售票机和自动售票机发售给乘客。乘客持票进出收费区时，检票机对有效票给予放行，进站时写入进站有关信息、出站时扣除乘车费用

（储值票）或回收车票（单程票、应急票）；如遇到出站检票机拒收车票、禁止通行的情形，通常是单程票超程、超时使用或票卡读错等原因，此时乘客需到补票厅进行原因分析及处理。出站检票机回收的单程票可在车站重新发售、循环使用，而储值票则应送交票务中心再次编码后才能配送给车站发售。

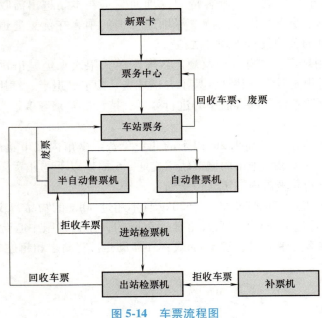

图 5-14　车票流程图

课题五　车票状态

车票状态见表 5-6。

表 5-6　车票状态

划分依据	状态	描述
出入站状态	"已入站"状态	指乘客入站时车票经进站闸机刷卡后所处的状态
	"未入站"状态	指车票初始化后经过自动售票机或半自动售票机售出但未进站刷卡使用所处的状态
发售和回收	"已售"状态	指车票经由售检票设备售出时所处的状态，预置单程票经过初始化赋值后也处于已售状态
	"未售"状态	指车票经过初始化后配发至车站且未经车站发售前所处的状态
	"回收"状态	指单程票由出站闸机回收后所处的状态，或经过半自动售票机进行退卡操作后所处的状态。回收状态的单程票可供车站循环发售

课题六 售检票方式

售检票系统是城市轨道交通运营管理的一个非常重要的环节,根据售检票作业环境不同,售检票方式可分为开放式售检票作业方式和封闭式售检票作业方式。

1. 开放式售检票

开放式售检票是指在车站不设检票口,在乘客上车前(指进入付费区)或在列车上检票并随机查票的作业方式。一般适用于客流量较小的系统且要求乘客有较高的素质。

2. 封闭式售检票

封闭式售检票是指在乘客进出付费区前都要经过检票口检票的作业方式,一般分为人工售检票、半自动售检票和自动售检票三种。

在轨道交通系统中,售检票方式取决于不同的票卡媒介和识别设备。目前,世界上常见的轨道交通售检票方式有印制纸票人工售检票系统、印制纸票半自动售检票系统、一次性磁票自动(半自动)售检票系统、重复使用磁票自动(半自动)售检票系统、接触式智能卡自动(半自动)售检票系统、非接触式智能卡自动(半自动)售检票系统。上述六种售检票模式中,票卡媒介基本上为普通纸质车票、条形码车票、单程磁票、储值磁票、接触式IC卡及非接触式IC卡。由于票卡介质不同,识别终端不同,售检票模式在很大程度上就发生了变化。

课题七 一卡通在自动售检票系统中的应用

乘客在整个轨道交通路网内,使用一卡通从一条线路到另一条线路无须二次检票,在换乘站不需要先出站进入非付费区,后再进站到另一条线的付费区,而是直接在换乘站的付费区换乘到另一条线路。

一卡通系统是利用先进的计算机、通信、信息处理、IC卡技术及安全保密等技术手段建立的,以售卡、充值、结算为中心业务的服务平台,该系统采用非接触式IC卡作为支付介质。一卡通是轨道交通自动售检票系统中的车票介质,按照统一规则、统一卡片类型及统一管理模式在轨道交通各线路中使用。

随着国家对信息化建设投入的不断加大,"数字城市"的概念越来越清晰。特别是在国内的一些大、中型城市里,数字化、信息化已逐渐地渗透到市民的日常生活当中,并能做到与世界同步,跟全球信息化、数字化接轨。

一卡通系统是信息化城市的一个重要组成部分,真正的一卡通应该覆盖城市居民生活各个领域的支付和身份认证,能够完成公用事业的预收费,以及金融、旅游、医疗等多个领域的快速结算和支付,保证各领域的身份认证和信息存储查询。国内一些大城市如北京、上海、广州、深圳、南京等地都已广泛应用。

1. 广州"羊城通"

广东是全国最早投入一卡通建设的地区之一。目前广州"羊城通"卡的类型主要有全国通用标准版羊城通卡、记名卡、押金卡、销售型普通卡、优惠卡、纪念卡、企业卡、联名卡等多种,还有学生卡、定制卡等多种创意作品。

为保证羊城通系统的正常运行，向羊城通持卡人提供良好的服务，同时为规范发卡机构和持卡人的权利和义务，广州羊城通有限公司于 2022 年 6 月修订了"羊城通卡发行应用管理章程"。

2. 北京市政交通一卡通

北京一卡通是采用住房和城乡建设部标准，由北京市政交通一卡通有限公司发行的智能 IC 卡。

根据京津冀一体化工作的整体部署和安排，按照交通运输部相关交通一卡通互联互通工作计划的要求，2015 年北京市政府启动京津冀交通一卡通互联互通建设，并授权北京市政交通一卡通有限公司负责北京互通卡发行及业务运营管理工作，同时负责京津冀交通一卡通区域中心建设及区域中心运营管理、终端设备和卡片应用检测等工作。目前北京市地面公交线路（不含定制公交商务班车、快速直达专线等线路）、城市轨道交通线路已完成互联互通改造，全面支持北京一卡通。

为了以数字化赋能智慧校园建设，便利校园师生学习、生活与出行，北京一卡通与高校合作推出了电子学生卡服务。

目前，北京一卡通主要应用包括北京互通卡和北京市郊铁路一卡通。

（1）北京互通卡（图 5-15）　北京互通卡是依照交通运输部互联互通标准，由北京市政交通一卡通有限公司发行，可在京津冀及全国其他互联互通城市指定线路使用，且卡片标有"交通联合"标识的 IC 卡或手机卡。

（2）北京市郊铁路实名互联互通一卡通卡（简称"北京市郊铁路一卡通"）（图 5-16）　北京市郊铁路一卡通是依照交通运输部互联互通标准，满足铁路实名制管理要求，由北京市政交通一卡通有限公司发行的一卡通卡，该卡卡面和卡内有持卡人姓名、身份证号码、照片等实名信息。

图 5-15　北京互通卡

图 5-16　北京市郊铁路一卡通

3. 一卡通在 AFC 系统中的应用基础

1）AFC 系统与城市区域性一卡通系统之间，存在相互独立的关系。城市区域性一卡通（如沈阳的盛京卡、大连的明珠卡）用于区域性公共交通收费系统，两者可实现消费数据、充值信息、黑名单管理等数据交互。

2）LC（线路中心）系统负责采集乘客进站、出站的具体位置，将实际发生的交易数据传送至收益分配系统（ACC），然后由 ACC 对乘客使用的卡种进行分析，依据卡的类别，实现收益划分；与此同时，扣除乘客卡内的对应金额，既完成了交通收费，又实现了收益分类，有利于加强城市地铁财务部门的票据管理。

课题八　票卡的发行及使用

票卡是自动售检票系统的信息源头，票卡信息的正确有效能确保系统的正常运作。由于票卡是有价凭证，有效票卡的流通实际代表着资金的流动，一旦票卡管理不善将会造成经济损失。在历史上曾出现票卡造假、串换资金等违法行为。这些违法行为既有系统外的不法行为也有内部人员的舞弊行为，因此，必须从资金管理的角度看待票卡管理。

通常成立专门的机构（可以是运营单位也可以委托专门单位）负责对票卡的发行、发售、使用、票务处理、回收等全过程进行严格规范的管理。该机构通过对票卡进行初始化，使得票卡成为在系统内可以使用的媒介。同时也负责车票的赋值发售，使用管理，进/出站处理、更新、加值、退换、回收、监督管理、注销及黑名单等规范流程的管理。

票卡的发行及使用主要包括车票的编码定义、车票的初始化、车票的赋值发售、车票的使用、车票的使用管理、车票的进/出站处理、车票的更新、车票的加值、车票的退换、车票的回收等工作环节。

一、车票的编码定义

车票编码定义包含车票类别、车票编号、车票票值、车票时效、使用范围等信息。

1. 车票类别

车票类别标志了车票的分类情况，对应不同的应用方式和处理规则，车票的类别在编码的时候确定。乘客可根据自己的需要购买规定范围内不同类别的车票。

2. 车票编号

车票编号可分为卡面编号、物理卡号和逻辑卡号，见表5-7。

表5-7　车票编号

序号	车票编号	含义	描述
1	卡面编号	票卡生产厂商在制作车票媒介时印刷在车票表面上的系列编号	标明生产者代码、批次
2	物理卡号	由车票媒介生产厂商在出厂时直接写在车票芯片内	非印刷票卡媒介产品的序列号，可以跟卡面编号一致，也可以不同
3	逻辑卡号	确保自动售检票系统能跟踪流通中的车票使用情况，并针对某张或某些车票进行功能设置而赋予的系列编号	车票初始化时由编码机对票卡进行逻辑卡号的写入

在车票的制作和使用过程中，中心数据库可通过在车票的卡面编号、物理卡号和逻辑卡号之间建立相应的关联关系，对车票的使用情况进行有效的防伪和跟踪。

3. 车票票值

车票票值也就是车票所含可乘车的资金，它是记录在车票上的，可以用于乘坐轨道交通工具的金额，具体处理见表5-8。

表 5-8 车票票值及对应处理方式

票卡类型	进出站	票价	处理方式
单程票	出站	车票中票值<本次旅程应付费用	不予放行,需要补足费用后才能出站
储值票	出站	票卡预存资金<旅程应付费用	1)对储值票充值,让乘客刷闸机出站(优惠储值票不能直接在卡上充值,需要换售一张普通储值票) 2)为乘客售一张等值单程票,并将乘客储值票的进站标志进行更新
	进站	预存资金金额为零或负值	不让进站

4. 车票时效

各种类别的车票都有各自不同的有效期,车票只能在系统设定的有效期内使用。如果车票即将过期或者已经过期,需进行延期等更新处理后才能使用。

5. 使用范围

非网络化运营的地铁线路使用各种类别的车票,都有特定的使用范围(如线路、车站等)以规范使用秩序。

二、车票的初始化

在所有车票投入使用前,必须由专门的机构进行初始化,分配车票在系统内的唯一编号,同时生成车票相关的安全数据。

车票初始化工作是通过编码/分拣机进行的。只有经过初始化后的车票才可以分发至各车站进行发售。在初始化时,操作员针对不同类型的车票设置系统参数及系统应用数据来进行初始化编码。

1)车票初始化时的编码内容一般包括以下数据类型:

① 安全密钥及防伪数据。

② 车票编号数据。

③ 车票状态数据。

2)在对车票初始化时,必须完成以下工作:

① 设备读取车票上唯一的物理卡号,验证初始密钥。

② 初始密钥验证成功后,将逻辑卡号、安全数据、编号数据及系统应用数据写入车票。

3)车票数据初始化后,车票信息将上传记录到中央数据库中去。

① 城市轨道交通专用票。由票务清分中心车票管理系统的初始化编码机进行初始化,然后按次分发调配给各线路中央系统。经过初始化处理后,每一张车票都有唯一标志。

② 公共交通卡。由公共交通卡股份有限公司对其进行初始化处理,未经初始化的车票不可使用。

三、车票的赋值发售

初始化的车票还必须经过赋值处理后才能够正常使用。对车票的赋值可由编码/分拣机执行或由车站内的自动售票机、半自动售票机在车票出售时进行。

1）部分需要提前赋值的车票（如应急票），可以由专门的编码/分拣机进行赋值。

2）对车票进行赋值时，必须对车票进行有效性检查，再将赋值信息写入车票，但不能修改票卡发行时的初始化数据。

3）对不同类型车票的赋值数据由系统参数确定。

车票的制作和使用流程

虽然各种车票发售设备是分散在轨道交通服务范围内的，但它们遵循的规则必须一致，因而发售设备的发售许可、可发售票卡类型和票价参数等，通常由中央计算机系统下载参数至车站车票发售设备进行设定。车票发售完后，车站车票发售设备将车票信息上传到中央数据库中。

四、车票的使用

车票通过发售/赋值后，就可以投入使用了。所有车票的详细使用记录最终需要保存在中央计算机系统，以便对车票使用情况进行统计和分析。车票的每次详细使用记录包括车票类别、车票编号、交易类型、车票交易序号、交易时间、交易设备编号、上次交易时间、上次使用设备、交易金额、车票余值等信息。

当乘客使用了无效（或失效）车票，检票机将拒绝接收，但会引导乘客到半自动售票机对车票进行票务处理。车票使用过程具体如下。

1）车票在自动售票机或半自动售票机上出售，并写入"出售记录"（如出售时间、线路车站号、售票设备编号、车票赋值/余额、进站等）信息。

2）车票在进站检票时，由进站检票机写入"进站记录"（如进站时间、线路车站号、进站检票机编号、出站等）信息。

3）车票经出站检票机检票，依不同类型车票进行不同的处理，如对乘次票（或储值票），将在出站检票机处写入"出站记录"，并扣除一个乘次（或旅程费用）。对回收票卡，由检票机的回收装置完成，并清除票卡上一次的发售、进站和出站等运营信息。对单程车票，恢复初始化数据。

4）经出站检票机回收的单程车票，可直接送往自动售票机和半自动售票机进行出售。

五、车票的使用管理

车票的使用管理可分为配发、调拨、进/出站处理、更新、加值、退换、回收、注销等环节。

1. 车票配发

由票卡发行单位根据客流情况，将初始化后的车票配发到各车站。

2. 车票调拨

经过一段时间的持续运营，由于客流的不均匀性，可能会造成车票在各线路、各站点上的分布不均匀。有些线路、站点滞留大量的车票，而有些线路、站点则车票短缺，为了提高车票的使用效率，可以采用调配的方式。

（1）赋值与发售　自动售检票系统通过终端设备（如自动售票机、半自动售票机）完成车票的赋值和发售。在售出一张车票时（半自动售票机或自动售票机）必须将该笔售票信息上传至中央计算机系统。通常报送的数据包括本地交易流水号、时间、卡号、金额，并且将关键字段进行交易认证码 TAC 计算，而且每笔交易均产生一个本地流水号。连续流水号和交易认证号的 TAC 计算，可保证报送至上层系统的交易数据的完整性和安全性，从而为实现缴款金额和电子账的对账功能创造条件。

（2）收缴　车票使用一段时间后，必然会出现不同程度的损坏，这就需要进行定期的收缴和更换。车票在初始化编码时，都被编上了初始化时间，系统可根据各种车票的使用情况，设置车票的有效使用期。系统就可在使用环节中及时收缴超出有效期，或者由于折损而不能继续使用的车票。

3. 车票的进/出站处理

普通车票的检验遵循一进一出的次序，即先有一次进站再发生一次出站，如果乘客在进站时未经检票（或标志不清），或在出站时未经检票（或标志不清），就会造成因进出次序不匹配而导致车票的暂时性无效，通常需要由半自动售票机/补票机来完成更新。

半自动售票机/补票机能根据进出站次序进行检查，也可通过中央计算机系统设定费率表向乘客收取更新后的相关差额费用，或通过中央计算机系统设定某个、某部分或全部的车站对车票进行或不进行进出站次序检查；或对某一类车票的进出站次序进行或无须进行检查。

4. 车票的更新

在半自动售票机/补票机对车票进行分析后，若为进/出站次序错误、超时、超程等无效原因，则可对车票进行更新处理。中央计算机系统分别设定进/出站码更新的时间和车站限制、进/出站码更新的费用、超时更新的费用、超程更新的计费方式、收费方式、更新次数等。

根据车票的分析结果，如果同时存在两种及两种以上需更新的项目，则应对每项更新处理进行确认，并按照运营规则进行处理。

在进行更新处理时，半自动售票机/补票机相应更新车票的进/出站状态、时间及费用，并记录更新标志等信息。

单程票更新操作时不对单程票余值进行修改，通常另行收取费用。更新储值票时收费可从储值票上扣除收费金额，乘客也可以选择用现金另行支付。

5. 车票的加值

储值票可以通过半自动售票机或加值验票机进行加值。中央计算机系统可设置加值的金额限制、允许加值的车票类型和加值优惠等。

6. 车票的退换

在乘客要求退票时，半自动售票机能办理退款业务。通常退款处理方式可根据车票是否被损坏而分为即时退款或车票替换两种方式。中央计算机系统可设置退款条件、使用次数限制、余额限制、费用等以确保退票处理有足够的安全性，防止欺骗行为的发生。

对车票进行分析后，符合系统设置参数的车票，如允许被替换的类型、指定的回收条件等可以通过半自动售票机进行替换处理。在进行替换处理时，在被替换的车票上写入有关的替换信息，但车票上的原有信息不能被修改或抹除。车票上的所有余值/剩余乘次及优惠信息完全转入新的车票上。

7. 车票的回收

车票的回收方式通过出站检票机预先的设置，对单程票进行自动回收。通常回收后的车票可通过自动售票机、半自动售票机再次发售。当回收到的车票达到规定的使用寿命或出现损坏不能继续使用时，则不能再进入使用环节，应及时进行回收。也可通过编码/分拣机进行集中分拣，将达到使用周期或受到损坏的车票分拣出来进行回收，分拣条件可以通过参数进行设置。

8. 票卡的注销

票卡在频繁使用过程中，应当建立适当的制度对其使用状况进行及时检查。一旦发现不宜继续使用的票卡要及时注销，删除流通数据库中这些票卡的编号或将这些注销票卡信息放入已注销票卡数据库中，并销毁已注销票卡。

【任务实践】

1. 环境准备

1）各种不同类型的车票。

2）具有自动售检票系统设备模型或理实一体化教室开展理实一体化教学；或在具有自动售检票仿真系统的实训室进行仿真教学；或先进行理论教学，再到地铁车站厅进行现场教学。

3）能上网的计算机，每人一台。

2. 操作要求

1）了解票卡媒介的种类与使用场合（查询各种票卡媒介的样本，如图标、作用、使用范围和相关规定等内容）。

2）熟悉票卡的发行流程，能绘制基本流程图。

3）能正确绘制车票的发售流程。

3. 操作指导

1）通过查阅资料，了解国内一卡通在自动售检票系统中的具体应用情况，试举例说明。

2）会正确区分不同的票卡媒介，说出票卡媒介的名称、作用范围。

3）知道不同票卡媒介对应所采用的售检票方式、车票的状态信息。

【课外拓展】

联系实际购买车票经历，阅读《铁路旅客车票实名制管理办法》部分内容，并遵守相关规定。全文请参见中华人民共和国交通运输部令 2022 年第 39 号。

《铁路旅客车票实名制管理办法》

《铁路旅客车票实名制管理办法》于 2022 年 11 月 15 日经第 27 次部务会议通过，自 2023 年 1 月 1 日起施行。车票实名购买和实名查验统称车票实名制管理。

第三条　本办法所称车票实名购买，是指购票人凭乘车人的有效身份证件购买车票，铁路运输企业凭乘车人的有效身份证件销售车票,并记录旅客身份信息和购票信息的行为;车票实名查验,是指铁路运输企业对实行车票实名购买的车票记载的身份信息与乘车人及其有效身份证件进行一致性核对,并记录旅客乘车信息的行为。

第七条 铁路运输企业应当为车票实名制管理提供必要的场地、作业条件,以及车票查验、身份证件识读等设备;积极推进管理和技术创新,通过互联网、电话、自动售票机、人工售票窗口等方式提供实名售票服务,逐步配备自助检票、查验等设备,为旅客实名购票、乘车提供便利。

第八条 铁路运输企业应当加强车票实名制管理相关人员的培训,确保人员具备必要的专业知识,掌握车票实名制管理技能。

第九条 铁路运输企业应当加强对售票、检票、验票等车票实名制管理相关设施设备、系统的管理,完善系统功能,确保设施设备、系统安全稳定运行,满足车票实名制管理工作需求。

第十条 铁路运输企业应当结合车票实名制管理实际,针对客流高峰、设备系统故障等特殊情况制定有效的应急预案或者应急处置措施,定期实施应急演练。

【思考练习】

一、单项选择题

1. 非接触式地铁车票是传统磁卡使用寿命的(　　)。
   A. 180 倍　　　　　　B. 200 倍　　　　　　C. 150 倍　　　　　　D. 100 倍
2. 非接触式地铁车票足以使用(　　)万次。
   A. 15　　　　　　　　B. 25　　　　　　　　C. 20　　　　　　　　D. 10
3. 城市轨道交通采用的 AFC 系统可实现(　　)。
   A. 自动消防、报警控制　　　　　　　　B. 远程控制
   C. 环境自动控制　　　　　　　　　　　D. 自动售、检票
4. 城市市民所使用的公共交通一卡通是一种(　　)。
   A. 单程车票　　　　　　　　　　　　　B. 一般磁卡
   C. 非接触式智能车票　　　　　　　　　D. 接触式智能车票
5. 自动化售检票系统中票卡媒介处于系统的第(　　)层。
   A. 五　　　　　　　　B. 二　　　　　　　　C. 一　　　　　　　　D. 四

二、判断题

1. 在行业内,法国阿尔斯通公司是世界上首个提出运用非接触卡作为地铁车票的公司。(　　)
2. 在城市轨道交通系统中,售检票方式取决于不同的票卡媒介和识别设备。(　　)
3. 条形码是将宽度不等的多个黑条和空白,按照一定的编码规则排列,用以表达一组信息的图形标识符。(　　)
4. 标准卡为国际统一尺寸的卡品,它的尺寸为 85.5mm×54mm×0.76mm。(　　)
5. 已入站是指车票初始化后经过自动售票机或半自动售票机售出但未进站刷卡使用所处的状态。(　　)

三、填空题

1. 城市轨道交通自动售检票系统中影响最大的因素之一是_____，它决定了系统信息的组成。_____是乘客使用情况的信息载体，是系统运营数据的关键源头。

2. 储值票是指车票内预存一定资金，在金额足够的情况下可多次使用的车票，每次使用时根据费率扣除乘车费用，出站不回收。储值票一般分为_____、_____、_____三种。

3. 非接触式IC卡的读写过程，通常由非接触式IC卡与_____之间通过_____来完成读写操作。

4. 车票从出入站状态来分，有"已入站"和_____两种状态。车票从发售和回收来看，分为已售、未售和_____三种状态。已售是指车票经由售检票设备售出时所处的状态，预置单程票经过初始化赋值后也处于_____状态；未售是指车票经过初始化后配发至车站且未经车站发售前所处的状态；回收是指单程票由出站闸机回收后所处的状态，或经过半自动售票机进行退卡操作后所处的状态。

5. _____是指乘客以一定金额购得一次服务旅行承诺，只可进行一次进站和一次出站行为的车票。目前国内轨道交通票务系统中常见的单程票有方卡型和筹码型两种。在实际运营过程中，从应用角度出发，又分为普通单程票和预置单程票，而预置单程票又分为限期预置票和不限期预置票。

四、思考题

1. 乘坐地铁后，留给乘客的主券有什么收藏价值？
2. 纸票已经退出了历史舞台，车站还会不会再出现纸票呢？
3. 磁卡和纸票相比，有什么优越性？

06

单元六　自动售票机

网络、电子商务等科技的快速发展拓宽了城市轨道交通、航空等票务的销售渠道，乘客购票越来越方便。现在，购买票务除了去售票处和票务代理点外，还可通过自助售票机买票，整个过程就像在 ATM 机上取款一样简单快捷。

【学习导入】

早期的城市轨道交通如伦敦和纽约地铁以及北京地铁等都采用了人工售检票方式，在人流量比较集中时售票工作人员劳动强度大、买票人员排队时间长、现金流通容易出错等现象时有发生。为了避免这些现象的出现，可采用自动售票机来完成售票工作。自动售票机基于人机工程学和友好的客户界面设计，借助触摸屏、语音提示等手段进行人机交互，具有多种交互界面，界面提示人性化，符合大众购票习惯，使操作和使用更方便、更容易。

【学习目标】

1. 了解城市轨道交通自动售检票系统层次架构。
2. 掌握自动售票机的使用及故障处理方法，树立"安全第一、预防为主"的工作理念。
3. 熟悉自动售票机结构，培养严谨认真、精益求精的意识。
4. 熟练使用自动售票机实现查询记录、更换钱箱、补票、补币等操作，并能根据自动售票机显示的故障码判断其故障原因，准确定位故障。

课题一　自动售检票系统

　　自动售检票系统是实现城市轨道交通售票、检票、计费、收费、统计、清分、管理等全过程的自动化集成系统，主要包括清分子系统（ACC）、线路子系统（LC 或 MLC）、车站系统（SC）、车站终端设备和乘车凭证。开通互联网票务服务后自动售检票系统还包括互联网票务平台。自动售检票系统的具体架构层级可根据新技术应用和线网运营管理。

　　线路自动售检票系统的层次结构如图 6-1 所示，共分为三层，分别是线路中央计算机系统、车站计算机系统、车站终端设备（自动售票机、半自动售票机、自动检票机），前面两层基本可以由计算机来完成，第三层涉及的终端设备比较多，而且直接关系到车站运行的安全与否，下面对自动售票机进行详细说明。

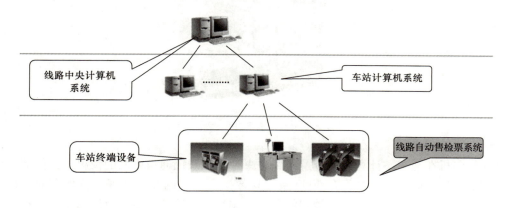

图 6-1　线路自动售检票系统

 课题二　自动售票机简述

　　不同的生产和研究公司所制造、生产的自动售票机都有一些差别，本单元以深圳高新现代智能股份有限公司的自动售票机为例进行说明，其外观结构如图 6-2 所示。

　　自动售票机（Ticket Vending Machine，TVM）以自助方式发售有效车票，具备自动处理支付功能。该设备安装于车站站厅层非付费区，用于乘客自助式购买轨道交通单程票和对储值票进行充值。乘客可以选择用纸币、硬币、银行卡或有足够余值的储值票等一种或多种支付手段，通过人机交互操作界面，自助完成购买不同票价的单程车票操作。

　　自动售票机还具备纸币、硬币找零功能。自动售票机采取了多项保护和容错措施，保证纸币、硬币存储安全。通过可靠的数据通信及状态监控，保证了自动售票机数据的完整性、保密性、真实性和一致性。

　　自动售票机通过车站局域网连接到车站计算机系统，上传车票交易信息、寄存器及设备运行状态日志等数据信息；接收车站计算机系统或线路中央计算机系统下传的命令、票价表、黑名单及其他参数等数据，对版本控制参数执行自动生效处理；具有与车站计算机系统同步时钟的功能。

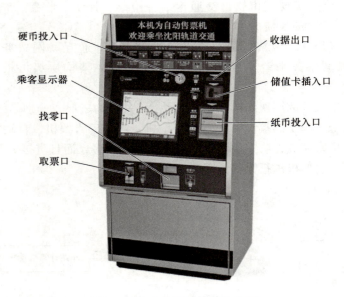

图 6-2　自动售票机外观结构图

自动售票机在与车站计算机系统及线路中央计算机系统通信中断的情况下，能够在单机运行模式下工作；同时可至少保存 5000 条交易数据及 7 日的设备数据；所保存的数据在必要时，根据需要删除最不重要的或最旧的数据；在与车站计算机系统及线路中央计算机系统通信恢复后，自动上传未传送的数据。

课题三　自动售票机部件组成

一、自动售票机内部结构

车站涉及的自动售检票系统终端设备非常多，其中自动售票机对缓解节假日期间的购票压力和减少票务处理中出现的错误起到了关键作用，认识了自动售票机的外观界面后，再来具体学习自动售票机内部结构涉及的各部件，各部件位置如图 6-3 所示。

二、自动售票机主要部件功能

自动售票机各主要部件的功能如下。

1. 机箱

机箱主要起支撑和保护自动售票机内机电部件的作用。外形设计符合人体工程学。后维护门装有机械锁定装置，需使用钥匙开启；而且装有传感器，用于防止非法开启。

2. 运营状态显示器

运营状态显示器用于显示设备当前工作状态。

3. 触摸显示单元

触摸显示单元包括乘客显示器和触摸屏，用于显示有关售票操作指示和交易信息，中英文双语提示，触摸式操作。

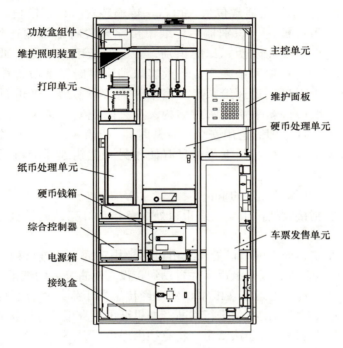

图 6-3 自动售票机部件组成图

4. 电源

电源为自动售票机中的电子和电气部件提供交流电输入，以及变压后为电子和电气部件提供稳定可靠的直流电。

5. 维修单元

维修单元是维护维修工作人员在安装、调试、检修和处理故障等情况下需要使用的单元，具有完成维护维修的功能。

6. 主控单元

主控单元又称为工控机，为协调自动售票机动作的中枢，完成自动售票机总体管理功能。自动售票机主控单元采用 32 位工业级微处理器，阻抗电磁噪声的性能良好，能一天 24h 工作，并能提供充分的指定功能。即使电源中断，数据也不会丢失。主控单元负责运行控制软件，完成车票处理、现金处理显示、数据通信、状态监控等功能。

7. 综合控制器

综合控制器是自动售票机的重要组成部分，主要功能是对设备 I/O 部件进行控制。包括：纸币模块到位检测、硬币回收箱到位检测、单程票回收箱到位检测、出票找零口检测、维护门到位检测、报警器、出票找零口照明、硬币操作指引、纸币操作指引等功能。

8. 纸币处理单元

纸币处理单元包括纸币识别器和纸币钱箱。用于识别和接收 50 元、100 元人民币（第四、第五版本），将不符合识别参数指标的纸币和假币退还乘客。

纸币识别设备一般至少可以识别六种以上的纸币（同一面值但不同版本的纸币将被视为两种纸币）。纸币识别设备通常包括入币口、传输装置、识别模块、暂存器和钱箱等部件。当纸币通过入币口被送入识别器后，纸币传输装置将纸币输送到纸币识别模块，识别模块将对纸币进行面额和防伪标记的识别，合法的纸币将被送入纸币暂存器，不合法（无法识别）的纸币将被退回给乘客。当乘客取消交易时，纸币暂存器内的纸币可以从退币口（也可能是入币口）返还给乘客。当乘客确认交易后，纸币暂存器内的纸币将被转入纸币钱箱内。纸币钱箱采用全密封结构，通过两把安全锁来保证现金安全。当纸币钱箱从安装座上拆下时（即固定用安全锁打开时），钱箱入口将自动关闭，从而保证更换钱箱的工作人员无法直接接触到纸币。只有使用另一把钥匙才能将钱箱打开，清点收到的现金。

纸币处理单元的工作原理描述如下：

① 纸币处理器收到接收纸币指令，进币口处绿色指示灯亮，提示机芯工作正常，可以插入纸币。

② 乘客将纸币平整地插入进币口处，纸币机芯模块对插入物进行初步判断，如认定为纸币，则打开进币口电动机，吸入纸币，并自动纠正没有垂直插入的纸币。

③ 吸入的纸币进入传送通道，在纸币识别区经传感器识别纸币合法性及面额特征，采用先进的纸币识别方法对纸币的真伪进行判断，如果纸币是真币且符合接收要求，将会被存放在纸币暂存区；如果为假币或非法纸币，将直接由退币口退还给乘客。

④ 如果本次购票交易成功，则将暂存区的纸币传送至缓冲区（压钞区），压入钱箱存储；如果交易失败或取消交易，则将暂存区的纸币由退币口退还给乘客。钱箱设有位置检测传感器，可以对钱箱已满或将满的状态进行判断。如果钱箱已满，纸币处理模块关闭进币口，停止接收纸币。

9. 硬币处理单元

硬币处理单元包括硬币鉴币器、硬币钱箱组件和硬币传送机构。硬币鉴币器用于硬币识别，硬币钱箱组件用于硬币储存和周转，硬币传送机构用于硬币送出和回收。

硬币找零设备比较复杂，一般至少包括循环找零机构、补充找零机构、清币机构及硬币回收机构。硬币找零设备一般会与硬币识别设备采用一体化的设计方法，以提高处理速度，优化硬币模块的结构。循环找零机构是可以使用乘客投入的硬币来补充找零的找零机构，而补充找零机构需要人工添加硬币，通常在循环找零机构内的找零硬币不足时使用。而当循环找零机构已满时，乘客投入的硬币将通过硬币回收机构回收到硬币钱箱中。当运营结束时，可以使用清币机构将循环找零机构（也可能包括补充找零机构）中保存的硬币清空，被清出的硬币将被硬币回收机构回收到硬币钱箱中，以便车站管理人员进行清点。

硬币处理单元的基本工作原理描述如下：

① 乘客投入的 1 元硬币经过硬币识别模块识别后，进入暂存区，等待下一步的处理；

不合格的硬币直接掉入出币口，返还顾客。当乘客取消交易时，硬币分拣机构将投入的硬币原币返还顾客。

② 当交易成功后，硬币分拣机构自动将硬币投入储币箱或找零箱中（当找零箱的硬币数量低于某一设定值时）。找零机构及找零箱构成硬币循环机构，可以将乘客投入的硬币用来找零。循环找零机构中的硬币总是保持在一定数量（可由参数设定），如果进入的硬币超过这个数量将进入下面的储币箱，如果找零箱中硬币数量低于设定值，可以由补充找零机构补充。硬币找零箱可以存储 1 元硬币 1500 个以上，找零出币速度可达 5 个/s。储币箱和补币箱可以互换，两者都具有电子 ID，主机可通过指令查询票箱状态和身份。当钱箱从自动售票机的存放座上取走时，钱箱的入币口会自动关闭，可防止更换钱箱的操作人员接触到钱币。

10. 硬币钱箱
硬币钱箱用于收集溢出或盘出的硬币。

11. 车票发售单元
车票发售单元是单程票处理单元，包括单程票处理机构和单程票读写器。前者用于单程票的送出及回收，后者用于对送出的单程票进行读/写。

12. 储值卡处理单元
储值卡处理单元包括储值卡处理机构和储值卡读写器两个部件。储值卡处理机构用于储值卡的锁定和解锁；储值卡读写器用于对乘客插入的储值卡进行读/写。储值卡经过有效性检查验证为有效后，乘客显示器显示卡余额。卡增值就是通过写操作来实现的。在乘客取消或完成增值交易前，所插入的储值卡是不能取出或插入的。

13. 票箱
票箱用来存放单程票或向单程票处理器中补充票。

14. 维护照明装置
维护照明装置为运营和维护人员工作提供照明。

15. 功放盒组件
功放盒组件为功放供电或开关功放。

16. 检测开关
检测开关为一组到位开关，用来检测维护门的打开或关闭状态，只有当两扇门都关好时，设备才能正常工作，否则设备为暂停服务状态。

课题四　日常操作

自动售票机日常操作流程，如图 6-4 所示。

一、后维护登录与注销

1. 后维护登录
每次进行设备或部件维护维修，以及更换票箱、钱箱前，需先输入正确的 ID 及密码后才能进行所授权的操作。

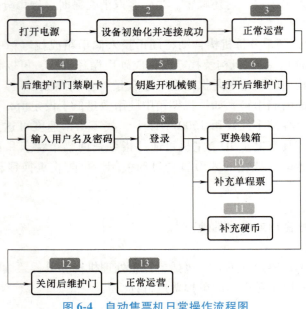

图 6-4 自动售票机日常操作流程图

说明
- 流程图中序号 3 面向售票操作流程
- 流程图中序号 4 只针对装有门禁的设备，没有门禁的不需要此步
- 流程图中序号 9 和 10 为运营管理人员日常维护内容，先后顺序可不要求。其中序号 9、10、11 的操作流程，在后续单元详述
- 遵守操作规程、爱护设备、禁止违规操作

先在后维护门门禁处刷卡，打开后维护门，此时乘客显示屏应显示"暂停服务"，在后维护面板显示屏会弹出图 6-5 所示的登录窗口；在此登录窗口中（维护单元第一次登录窗口），通过键盘输入用户名和正确的密码，会自动弹出"维护登录"界面。

图 6-5 "维护登录"界面

2. 后维护注销

后维护注销具体操作如下：

1) 日常操作完成后，返回"维护菜单"界面，根据"维护菜单"界面显示"注销退

出"的快捷键"9",按维护键盘的〈9〉键或〈Esc〉键,会弹出一个"确定注销并退出维护"的界面,如图6-6所示。

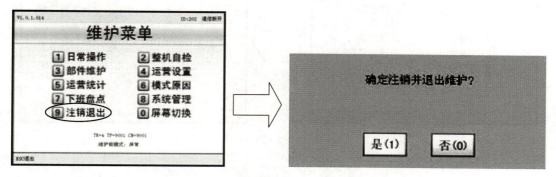

图6-6 "确定注销并退出维护"界面

2)根据确认界面上显示的"是(1)"的快捷键"1",按维护键盘上的〈1〉键或〈Enter〉键,即退出后维护。

1)如果用户名或者密码输入错误,设备的"维护登录"界面会显示"用户名或密码错误,请重新输入"。应有强烈的安全意识和责任心,不有意或无意泄露密码,保证操作和钱币安全。

2)可通过限制登录次数,保证使用安全。如果密码3次输入错误,设备会警示"非法入侵"且报警(长鸣),并上报车站系统。

3)如果登录时间超过所设定的"登录超时时间",则系统会弹出"登录超时"界面,并报警。

二、补充硬币

补充硬币是自动售票机对伍角硬币备用箱和壹元硬币备用箱进行补充,以找零备用。下面将对伍角硬币补充进行讲述,壹元硬币的补充过程与其相似。

补充硬币的具体操作流程为:登录后维护→维护界面操作→硬币的加入→完成硬币补充。

1. 登录后维护

操作过程请参照"后维护登录"。

2. 维护界面操作

1)根据"维护菜单"界面显示"日常操作"的快捷键"1",在维护键盘上按相应的数字〈1〉键,进入"日常操作"界面,如图6-7所示。

2)根据"日常操作"界面显示"补充伍角硬币"的快捷键"1",在维护键盘上按相应的数字〈1〉键,进入"补充伍角硬币"界面,如图6-8所示。

3)在进入"补充伍角硬币"操作界面后,在维护键盘上按〈F3〉键,输入加入硬币数量。

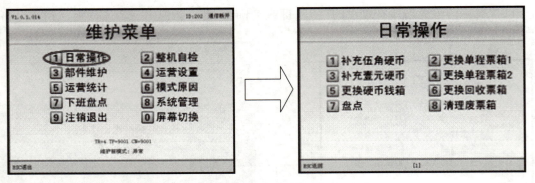

图 6-7 "日常操作"界面

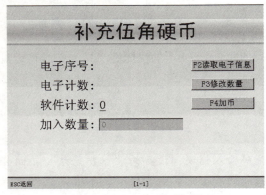

图 6-8 "补充伍角硬币"界面

3. 硬币的加入

加入硬币具体操作步骤如下：

1）把装有硬币的加币箱放到卡槽推进到顶，这时按维护键盘的〈F2〉键能读取加币箱的 ID 信息。

2）分别把钥匙插入加币箱和挡板的钥匙孔逆时针旋转钥匙，如图 6-9a 所示。

3）向外抽出挡板，如图 6-9b 所示，硬币加入漏斗。

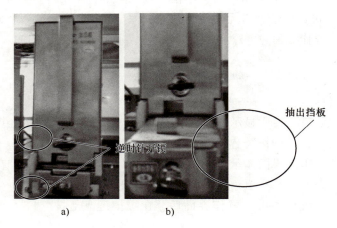

图 6-9 补充硬币示意图

4)硬币加完后,向里推挡板到顶,顺时针旋转钥匙回锁挡板和加币箱。
5)取出加币箱,加币完成。

4. 完成硬币补充

硬币补充操作的具体步骤如下:

1)加币完成后,在维护键盘上按〈F4〉键,出现"确定将伍角加币箱的硬币加到对应漏斗中?"提示框,在维护键盘上按〈1〉键或〈Enter〉键确定加币完成,如图6-10所示。

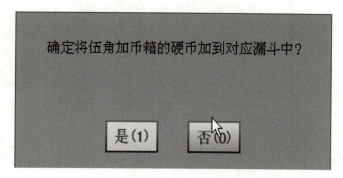

图 6-10 确定加币提示框

2)退出后维护,关闭后维护门并确认。整机状态恢复正常,操作结束。

1)加入的硬币数量要与写入的电子计数一致,操作要保持前后一致。
2)当加完硬币后,应按〈F4〉键确定加币完成,并将计数调到电子计数。
3)加币时读取不到加币箱ID时,向前顶一下加币箱或抽出加币箱重新装入,注意按规程操作。
4)用钥匙开加币箱时,如果开不了,看钥匙是否错了或适当地向前用力顶再开。
5)加完币后要把挡板推到顶,否则钥匙无法回锁。

三、更换单程票箱

更换单程票箱是对自动售票机单程票箱1和单程票箱2进行替换,以确保正常运营。下面将对更换单程票箱1的操作过程进行讲述,更换单程票箱2的操作过程与其一样。

更换单程票箱的具体操作流程为:登录后维护→维护界面操作→完成单程票箱更换。

1. 登录后维护

操作过程请参照"后维护登录"。

2. 维护界面操作

维护界面操作的具体步骤如下:

1)根据"维护菜单"界面显示"日常操作"的快捷键"1",在维护键盘上按相应的数字〈1〉键,进入"日常操作"界面(参见图6-7)。

2) 根据"日常操作"界面显示"更换单程票箱 1"的快捷键"2",在维护键盘上按相应的数字〈2〉键,进入"更换单程票箱 1"界面,如图 6-11 所示。

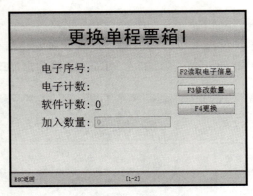

图 6-11 "更换单程票箱 1"界面

3. 完成单程票箱更换操作

单程票箱更换操作的具体步骤如下:

1)单程票箱更换完成后,根据"更换单程票箱 1"操作界面显示"F3 修改数量",在维护键盘上按〈F3〉键,输入加入单程票的数量,按维护键盘的〈Enter〉键。

2)确认输入的数量无误后,在维护键盘上按〈F4〉键完成更换,写入加票数量。

3)弹出"更换票箱确认"界面后,在维护键盘上按〈1〉键或〈Enter〉键确定更换完票箱。

4)退出后维护,关闭后维护门,并确认整机状态恢复正常,操作结束。

1)加入的单程票数量要与写入的电子计数一样,工作作风要严谨,工作要耐心细致。

2)加完票后,应按键 F4 确定加票完成,并将计数调到电子计数。

3)加票时读取不到加票箱 ID 时,向前顶一下加票箱或抽出加票箱再装入。

4)严格遵守操作规范,不野蛮操作,如用钥匙开加票箱时,如果开不了,看钥匙是否错了或适当地向前用力顶再开。

5)加完票后要把挡板推到顶,否则钥匙无法回锁。

四、单箱盘点

盘点分为单箱盘点和下班盘点,是对硬币循环箱、硬币备用箱进行的盘点操作。
单箱盘点的具体操作流程为:登录操作→维护界面操作→完成盘点。

1. 登录操作

操作过程请参照"后维护登录"。

2. 维护界面操作

维护界面操作的具体步骤如下:

1）根据"维护菜单"界面显示"日常操作"的快捷键"1"，在维护键盘上按相应的数字〈1〉键，进入"日常操作"界面（参见图 6-7）。

2）根据"日常操作"界面显示"盘点"的快捷键"7"，在维护键盘上按相应的数字〈7〉键，进入"盘点"界面，如图 6-12 所示。

3）进入"盘点"操作界面图后，选择所要盘点的硬币。例如，盘点伍角循环箱：在维护键盘上按相应的数字〈1〉键，进入"伍角循环箱"界面，如图 6-13 所示。

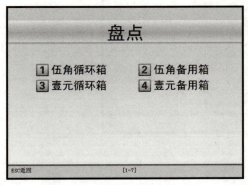

图 6-12 "盘点"操作界面

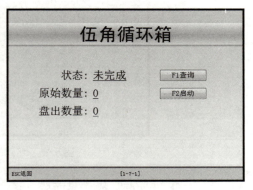

图 6-13 "伍角循环箱"操作界面

4）按维护键盘的〈F2〉键，启动伍角循环箱的盘点。

3. 完成盘点

盘点完成后，在维护键盘上按〈Esc〉键返回"盘点"界面（可以选择其他箱的盘点）。

五、下班盘点

1. 登录后维护

操作过程，请参照"后维护登录"。

2. 维护界面操作

维护界面操作的具体步骤如下：

1）根据"维护菜单"界面显示"下班盘点"的快捷键"7"，在维护键盘上按相应的数字〈7〉键，弹出"确定执行下班盘点？"的提示框，如图 6-14 所示。

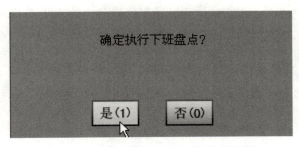

图 6-14 "确定执行下班盘点？"提示框

2）弹出"确定执行下班盘点？"提示框后，在维护键盘上按〈1〉键或〈Enter〉键，进入"下班盘点"界面，如图 6-15 所示。

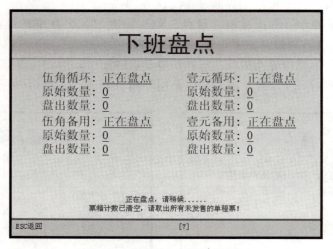

图 6-15 "下班盘点"操作界面

3）进入"下班盘点"操作界面后，系统自动对所有的硬币钱箱同时进行盘点，直到盘点结束。

4）盘点结束后，查看盘点数量。盘出数量即为实际盘点出的硬币数量。

3. 完成盘点

盘点完成后，在维护键盘上按〈Esc〉键退回到"维护菜单"界面，继续进行其他操作。

1）下班盘点是对所有硬币箱的盘点，中途不可停止，养成及时检查的习惯。

2）盘点时要确认硬币回收箱是否到位。工作要精益求精，不马虎。

六、更换纸币钱箱

当需要更换纸币钱箱时，以空的纸币钱箱更换设备内的当前纸币钱箱。

TVM 纸币购票可以接收 5 元、10 元、20 元、50 元 100 元纸币，在更换纸币钱箱时，可以从后维护界面上看到里面纸币的数量和金额的数量，以及纸币钱箱里面各种纸币的数量。

1. 纸币钱箱更换操作流程

纸币钱箱更换的具体操作流程为登录后维护→维护界面操作→纸币钱箱的取出与装入→完成纸币钱箱的更换。

2. 维护界面操作

维护界面操作的具体步骤如下：

1）根据"维护菜单"界面显示"日常操作"的快捷键"1"，在维护键盘上按相应的数字〈1〉键，进入"日常操作"界面（参见图 6-7）。

2）根据"日常操作"界面显示"盘点"的快捷键"7"，在维护键盘上按相应的数字〈7〉键，自动弹出一个"钱箱登录"界面，如图6-16所示。

图6-16 "钱箱登录"界面

3）在"钱箱登录"界面上输入正确的用户名和密码后进入"更换纸币钱箱"界面，如图6-17所示。

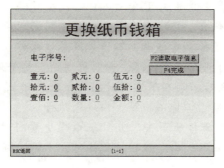

图6-17 "更换纸币钱箱"界面

3. 纸币钱箱装入与取出

取下钱箱的具体操作如下：

1）将钱箱的压杆由右侧拨到左侧打开，如图6-18中1所示。

图6-18 "纸币钱箱"更换

2)将钥匙插入右上角的锁,顺时针旋转钥匙,如图 6-18 中 2 所示。
3)拉起钱箱拉手,如图 6-18 中 3 所示,抽出纸币钱箱。
装入钱箱的具体操作如下(钱箱装入的过程与取出过程正好相反):
1)将钱箱指示灯显示为绿色的空钱箱装入钱箱座。
2)将钥匙插入右上角的锁,逆时针旋转钥匙,锁好票箱。
3)将钱箱的压杆由左侧拨到右侧,压紧钱箱。

4. 完成纸币钱箱的更换

1)压好钱箱压杆后,纸币模块会进行自检。
2)确认更换好纸币钱箱后,在维护键盘上按〈ESC〉键,注销退出菜单。
3)退出后维护(请参照"后维护退出"),关闭后维护门,并确认整机状态恢复正常,操作结束。

注意事项

1)未进行更换钱箱登录身份确认(输入用户名及操作密码),而直接打开现金区机械密码锁,设备将报警并上传信息。应树立安全意识,不同的用户应设置不同权限、保管好个人用户名和密码;应有职业道德和责任感,不违规或越权操作。
2)用户必须在限定的时间内移走钱箱,否则将注销当前登录信息。
3)当用户移走纸币钱箱后必须在限定的时间内把新纸币钱箱归位,否则将报警。应在规定的时间内完成规定的任务,工作不拖延,按规则执行。
4)把空钱箱装入后要把压杆压下去,并且纸币模块要自动进行自检;如果没有自检,则需要重新把钱箱取出,再装入一次。应按流程操作,不偷工减料。

七、更换硬币钱箱

硬币钱箱的更换操作流程为登录后维护→维护界面操作→硬币钱箱的取出与装入→完成硬币钱箱的更换。

1. 维护界面操作

维护界面操作的具体步骤如下:
1)根据"维护菜单"界面显示"日常操作"的快捷键"1",在维护键盘上按相应的数字〈1〉键,进入"日常操作"界面(参见图 6-7)。
2)根据"日常操作"界面显示"更换硬币钱箱"的快捷键"5",在维护键上按相应的数字〈5〉键,自动弹出一个"钱箱登录"界面。
3)在"钱箱登录"界面上输入正确的用户名和密码后进入"更换硬币钱箱"界面,如图 6-19 所示。
4)在"更换硬币钱箱"界面,根据界面的快捷键提示"F4 写入",在维护键盘上按相应的〈F4〉键,弹出"确认写入电子计数信息?"提示框(图 6-20),再按〈1〉键或〈Enter〉键确认更换硬币钱箱,此步操作会将显示的硬币数量写入钱箱。
5)完成以上操作之后,才可以取出钱箱。硬币钱箱离位之后,软件记录的硬币的数量和金额会自动清零。

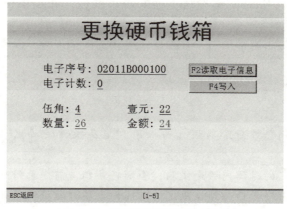

图 6-19 "更换硬币钱箱"界面

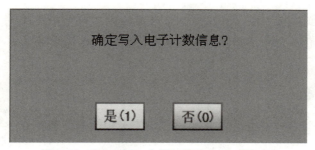

图 6-20 "确定写入电子计数信息?"提示框

2. 硬币钱箱取出与装入
取出与装入硬币钱箱的具体操作如下:
1) 按下按压门锁,如图 6-21 中 1 所示,拉开硬币钱箱拖板。

图 6-21 硬币钱箱取出示意图

2) 往上提起拿走硬币钱箱,如图 6-21 中 2 所示。
3) 放空硬币钱箱到硬币钱箱拖板。
4) 往里推拖板,直到定位锁锁上。

3. 完成硬币钱箱更换
硬币钱箱更换操作的具体步骤如下:
1) 装入空硬币钱箱后,在维护键盘上按〈F4〉键,弹出"确认写入电子计数信息"提示框,再按〈1〉键或〈Enter〉键确认更换好硬币钱箱,此步操作会将硬币钱箱的数量清零。

2)退出后维护,关闭后维护门,并确认整机状态恢复正常,操作结束。

1)未进行更换钱箱登录身份确认(输入用户名及操作密码),而直接取出硬币钱箱,设备将报警并上传信息。

2)用户必须在限定的时间内移走钱箱,否则将注销当前登录信息。

3)当用户移走硬币钱箱后必须在限定的时间内更换好硬币钱箱并归位,否则将报警。

4)在取出硬币钱箱之前,必须先单击"F4"键写入,否则会报警,而且不会清零。

5)更换完硬币钱箱后应按〈确认〉键结束操作。

6)硬币钱箱推不进去时,重新抽出硬币钱箱,用钥匙打开箱盖,把复位销拨到上面再重新装入。

八、清理废票箱

废票箱清理的具体操作流程为登录后维护→废票箱的取出与装入→维护界面操作→完成废票箱更换。

1. 登录后维护

操作过程请参照"后维护登录"。

2. 废票箱取出与装入

废票箱没有机械锁和电子ID,其取出与装入比较简单,具体操作如下:

1)旋开单程票发售机构上废票箱的白色票箱固定挡片。

2)将票箱取出。

3)将废票取出并重新装回废票箱,或装入一个新的废票箱。

4)旋转废票箱的白色票箱固定挡片,固定好废票箱。

3. 维护界面操作

维护界面操作的具体步骤如下:

1)根据"维护菜单"界面显示"日常操作"的快捷键"1",在维护键盘上按相应的数字〈1〉键,进入"日常操作"界面,(参见图6-7)。

2)根据"日常操作"界面显示"清理废票箱"的快捷键"8",在维护键盘上按相应的数字〈8〉键,进入"清理废票箱"界面,如图6-22所示。

4. 完成废票箱更换

废票箱更换操作的具体步骤如下:

1)装入空废票箱后,在维护键盘上按〈F4〉键,弹出"确定将废票箱计数器清零?"提示框,如图6-23所示,再按〈1〉键或〈Enter〉键确认更换好硬币钱箱并清零写入退出。

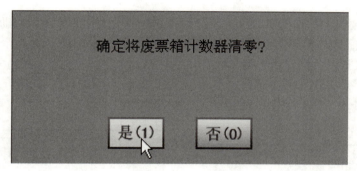

图 6-22 "清理废票箱"界面

图 6-23 "确定将废票箱计数器清零?"提示框

2）退出后维护，关闭后维护门，并确认整机状态恢复正常，操作结束。

1）清理完废票箱后要确定清零废票箱。

2）废票箱推不进去时，应重新抽出废票箱，用钥匙打开箱盖，把复位销拨到上面再重新装入。

九、运营统计

运营统计主要是显示各钱箱和票箱中钱币和单程票的数量，查看运营统计信息的具体操作流程如下：

1）登录后维护，其操作步骤请参照"后维护登录"。

2）根据"维护菜单"界面显示"运营统计"的快捷键"5"，在维护键盘上按相应的数字〈5〉键，进入"运营统计"界面，如图 6-24 所示。

3）查看操作完成后，在维护键盘上按〈Esc〉键，退出"运营统计"界面。

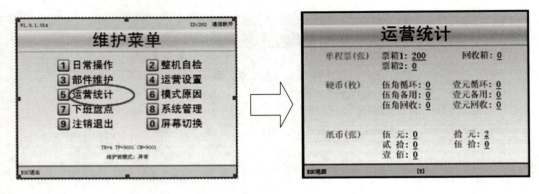

图 6-24 "运营统计"操作示意图

十、模式原因

模式原因主要是向操作人员显示出引起设备工作模式变化的原因，帮助操作人员尽快定位模式问题，查看模式原因的具体操作流程如下：

1) 登录后维护，其操作步骤请参照"后维护登录"。

2) 根据"维护菜单"界面显示"模式原因"的快捷键"6"，在维护键盘上按相应的数字〈6〉键，进入"模式原因"界面，如图 6-25 所示。

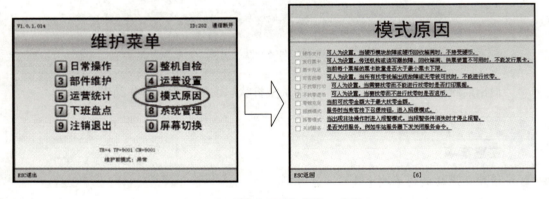

图 6-25 "模式原因"操作示意图

3) 查看操作完成后，在维护键盘上按〈Esc〉键，退出"模式原因"界面。

十一、系统管理

系统管理主要是对操作系统和系统软件进行操作，具体操作流程如下：

1) 登录后维护，其操作步骤请参照"后维护登录"。

2) 根据"维护菜单"界面显示"系统管理"的快捷键"8"，在维护键盘上按相应的数字〈8〉键，进入"系统管理"界面，如图 6-26 所示。

3) 根据界面的显示，在维护键盘上按相应的操作键，系统将进入相应的工作状态。

单元六 自动售票机

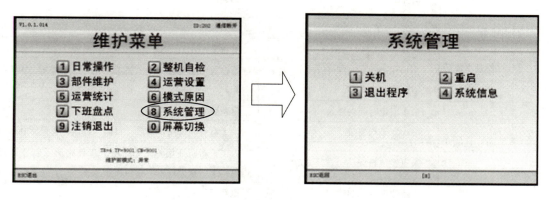

图 6-26 "系统管理"操作示意图

 说明
- 关机：关闭 Windows 操作系统
- 重启：重新启动 Windows 操作系统
- 退出程序：关闭 TVM 运营程序
- 系统信息：显示 TVM 各存储盘的使用情况

 课题五　常见故障及排除

自动售票机使用过程中，常见的故障及排除方法见表 6-1。

自动售票机常见故障及排除

表 6-1　常见的故障及排除方法

序号	故障现象	可能故障原因	解决方法
1	开机无显示	无电源输入	检查电源及显示器、部件连接或联系专业维护人员
2		部件连接异常	
3	提示暂停服务（非上级系统控制）	单程票处理单元异常	检查部件电源及通信连接或联系专业维护人员
4		硬币单元和纸币单元同时异常	
5		触摸屏异常	
6		后维护门在开启状态或后维护门状态检测传感器异常	关闭后维护门或联系专业维护人员
7		连续出废票	登录后维护再退出或联系专业维护人员
8	提示只接收硬币方式	纸币识别单元异常或找零硬币不足	先维持此方式运行，再联系专业维护人员或站务人员
9		纸币钱箱满或离位	
10	维护界面显示器没有画面信息	主控程序未启动	启动主控程序
11		维护单元与主机的连接线故障	检查连接或联系专业维护人员
12		维护单元硬件故障	

(续)

序号	故障现象	可能故障原因	解决方法
13	登录不成功	输入密码错误	重新输入
14		用户不存在或用户操作的设备种类不正确	检查数据库参数，或重新下发用户、设备操作权限等参数
15	设备报警	未在限定时间内登录	重新登录
16		三次登录均失败	人工重新验证用户信息，再输入操作密码重新登录
17		未更换钱箱登录而直接挪走钱箱	人工重新验证用户信息，输入操作密码重新登录，再按正规流程进行更换钱箱操作
18		更换钱箱后未归位	重新归位并确认完成
19	未完成购票操作而钱币被退出	操作超时	重新进行购票操作
20	卡票	出票漏斗（也称歪嘴）处卡票	拧开出票漏斗滚花螺钉，打开漏斗取出被夹的票
21		电磁铁闸口处卡票	用非金属物体拨动通道或电磁铁闸门，让票进入废票箱或出票口
22		出票通道和金属通道衔接处卡票	轻轻向后拉开 TDU 模块，取出被夹的票，再将 TDU 推到位
23		出票找零口处卡票	直接取出
24		Hopper 内卡票	上报专业维护人员处理
25	卡币	鉴币器入口处卡币	通过维护命令，使硬币退到出票找零口
26		鉴币器内卡币	上报专业维护人员处理
27		其他位置卡币	上报专业维护人员处理
28	纸币被夹	纸币有可能被夹在纸币单元内	上报专业维护人员处理
29	硬币回收箱不能推到位	箱盖内的复位销未拨到上位	把箱盖内的复位销拨到上位，再装入
30	纸币钱箱不能上锁	推进时纸币钱箱指示灯为红色	打开纸币钱箱侧盖再锁上，此时应指示绿灯；轻轻把纸币钱箱推到位；锁紧纸币钱箱，此时应指示红灯，完毕

课题六　自动售票机功能

　　自动售票机的基本功能是通过乘客的自助式操作完成自动售票。自助购票的基本过程包括购票选择、接收购票资金、自动出票及找零等过程，在必要时还可以打印充值凭证等。自动售票机可接受硬币和纸币购买单程 IC 票卡，自动售票机也具有对"一卡通"卡和地铁专用储值票进行充值的功能。同时，自动售票机预留银行卡的数据接口和电气接口及物理空间，方便支付方式的扩展。

　　自动售票机主要实现以下功能：

单元六　自动售票机　111

1）接收乘客的购票选择，并在购票过程中给出提示信息及操作指导。
2）可以接受乘客投入的现金（或储值票、信用卡等其他付费介质）并自动完成识别，对无法识别的现金（或储值票、信用卡）予以退还。
3）自动计算乘客投入的现金数量及购票金额，自动找零。
4）自动完成车票校验、车票发售及出票。
5）对各部件的工作状态进行自动检测，并向车站计算机系统上报工作状态。
6）接收车站计算机系统下发的参数和控制命令，并执行相应的操作。
7）存储并上传交易信息。
8）对本机接收的现金及维护操作进行管理。

【任务实践】

1）查看自动售票机实物，说出自动售票机各个部件的名称和功能。
2）体验使用纸币和硬币购买车票。
3）熟悉补充硬币操作流程和操作步骤，每个同学完成加入两个一元硬币的操作。
4）按照单程票票箱操作流程和操作步骤，每个同学完成一次单程票票箱更换操作。
5）个人记录操作过程中遇到的问题与心得，提交小组讨论，以组为单位汇报操作情况。

【课外拓展】

仔细查看自动售票机的操作界面，并截图说明其由几部分组成，具体是哪些部分，各部分所起的主要作用是什么。

自动售票机的操作界面

（1）自动售票机主界面　自动售票机是自助型系统设备，城市轨道交通车站内会有部分乘客对该系统的操作不熟练，站务员应主动、热情地提供操作指引服务。因此，站务员应熟练掌握自动售票机的购票操作。指引乘客使用自动售票机购票、充值时，站务员可通过乘客操作界面实现点选操作。

地图区域能清晰显示线网地图，实现地图的缩小、扩大及水平移动，当顾客单击某车站时，以该车站为中心的附近几个车站会被放大显示，以便于乘客正确选择目的地站购票。

选择线路区域提供了按线路分类的按钮，当乘客单击选择要乘坐的线路时，该线路在地图区域放大，方便乘客快速、准确地点选目的地站。运营及票卡选择区域可以实现按票价直接购票，为熟悉轨道交通票价的乘客提供了便利。

时间区域能实时显示当前的日期与时间。功能选择区域提供了供乘客选择或确认的按钮，如中英文切换按钮和充值操作按钮等，实现相应的功能选择。信息提示区域主要用于向乘客显示相应情况下的信息。状态区域显示了自动售票机当前运营状态的信息。

（2）自动售票机的充值界面　乘客使用现金在自动售票机上进行储值票充值时，自动售票机通常可接收第五版10元、20元、50元和100元人民币币种充值。具体操作流程大致分为：在主界面选择充值按钮→插入储值票→支付储值票充值金额→设备对储值票充值→返还储值票等几个步骤。乘客从开始充值后至支付充值金额之前都可以取消交易，单击取消按键或者一定时间内没有任何操作时，返还投入的储值票并返回初始界面。

【思考练习】

一、单项选择题

1. 一般情况，TVM 设有（　　）个硬币找零箱？
   A. 1　　　　B. 2　　　　C. 3　　　　D. 4
2. TVM 内主控单元的英文缩写是（　　）。
   A. PSAM　　　　　　　　　B. DCU
   C. ECU　　　　　　　　　　D. SNMP
3. 自动售票机（TVM）内配备2台打印机，分别用于打印（　　）。
   A. 充值票据、维护单据　　　B. 购票票据、维护单据
   C. 试验单据、充值票据　　　D. 购票票据、充值票据
4. 储票箱具有（　　）张票容量。
   A. 250　　　　　　　　　　B. 500
   C. 800　　　　　　　　　　D. 1000
5. 废票箱具有（　　）张票容量。
   A. 250　　　　　　　　　　B. 500
   C. 800　　　　　　　　　　D. 1000
6. 硬币钱箱具有（　　）枚硬币容量。
   A. 500　　　B. 800　　　C. 1000　　　D. 2000
7. TVM 上有（　　）个读写器。
   A. 1　　　　B. 2　　　　C. 3　　　　D. 4

二、填空题

1. 自动售票机以＿＿＿＿＿＿为核心，辅以现金处理装置、车票处理装置、乘客显示器、打印机、电源等模块组成，还可以根据需要，配置触摸屏、运营状态显示器、银行卡读写器及密码键盘等部件。
2. 自动售检票系统设备布置应满足的要求：＿＿＿＿＿＿内至少设置一台检票机。每个出入口的检票机数量不应少于2台。
3. 自动售票机（Ticket Vending Machine，TVM）设于车站＿＿＿＿＿＿用于乘客自助式购买地铁单程票和储值票进行充值。
4. 自动售票机电源模块能够提供＿＿＿＿＿＿、＿＿＿＿＿＿、＿＿＿＿＿＿220V 电源。
5. 各终端设备产生交易数据后上传至＿＿＿＿＿＿服务器，再通过通信传输网上传至指挥中心的 LC 服务器。
6. 自动售票机目前可以进行找零的币种包括＿＿＿＿＿＿纸币、＿＿＿＿＿＿纸币、＿＿＿＿＿＿硬币。

三、按图填空（在方框内填入合适的部件名称）

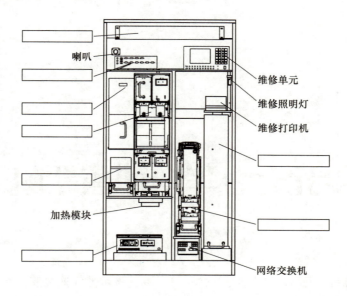

四、简答题
1. TVM 暂停服务故障，说明处理思路及过程。
2. 单台 AFC 终端设备断网，简述处理思路。

五、案例分析题

某年某月某日中午 12 时许，一名乘客进入 A 地铁站准备前往 B 地。在自动售票机前，乘客投入 10 元纸币后，自动售票机找零 6 枚一元硬币，但未见出票。该乘客到车站服务中心求助。工作人员在询问情况后交给他一张盖有该站站名红色印章的纸条，手写"到 B 地，请放行"等字样，解释可凭此纸条出站。乘客乘车到 B 站后，工作人员将其放行。

请从设备和管理两方面分析该案例中出现的问题，并说出正确的处理办法。

07

单元七　半自动售票机

随着计算机、网络通信、机电一体化等一系列技术的飞速发展，城市轨道交通设备系统的自动化程度得到了大幅度提升。自动售检票技术从广义上来说，包括半自动售票技术和全自动售票技术。在单元六中详细介绍了售票过程完全由设备自动完成的全自动售票技术，而半自动售票机作为应用最广泛的自动售检票系统的重要终端设备之一，采用的就是半自动售票技术，是车站终端设备层（负责通过接收和分析票卡应用层介质的信息，控制终端设备的通行动作）中不可或缺的设备之一。

【学习导入】

全自动售票技术不需要人工参与，完全由设备自动完成售票的全过程，而半自动售票技术是由人工主导、设备辅助完成售票功能的。半自动技术在票卡处理、人性化服务、现金安全和自动出票等技术实现方面更趋多样性和复杂性，是自动售票技术无法替代的。

【学习目标】

1. 了解半自动售票机的结构和功能。
2. 掌握半自动售票机的使用及简单故障处理方法，准确定位故障，快速处理故障。
3. 会使用半自动售票机完成售票、补票、退款等操作，培养社会责任感。
4. 掌握半自动售票机操作流程，不违规操作。
5. 会采取防范计算机病毒和网络攻击、网络侵入等危害网络安全行为的技术措施，保障系统免受干扰、破坏或未经授权的访问影响，防止网络数据泄漏或者被窃取、篡改，保障数据安全。

课题一　半自动售票机概述

1. 半自动售票机

半自动售票机（Booking Office Machine，BOM）是用于城市轨道交通现场人工辅助发售、赋值有效车票，具备补票、退票、查询、更新等票务处理功能的设备。半自动售票机主要由综合控制器（含工业级计算机）、乘客显示屏、操作显示器、自动出票机、读写器与天线、票据打印机、键盘、鼠标及电源模块等构成。

半自动售票机通过网络与 SC 连接，可以接收 SC 下达的各种参数和命令，也可以向 SC 及 LC 上传各种数据。

半自动售票机采用当前主流的操作系统，在稳定性、兼容性、运行速度上拥有良好的表现，并能提供优异的集成开发环境。半自动售票机的运行模式由 SC 进行设定和更改，并通过系统参数下载到设备，实现工作模式的自动切换。

半自动售票机具备离线/在线状态自动检测切换的能力，能根据当前线路状态，动态提供能够处理的功能。

（1）在线状态　在线状态下，能够实时从 SC 下载各种参数，接受 SC 的控制指令，能够上传监控数据，根据预先设定的方式上传所处理的各种交易数据，与 SC 进行对账处理。

（2）离线状态　离线状态下，除了提供需要的功能外，还要保存本地运行数据的备份，在检测到网络恢复后，进行数据的上传和续传，并进行数据账目的核对，也可以把交易数据导入到外部介质存储为特定格式的交易文件。SC 有专用接口导入此类交易文件，自动解析离线式半自动售票机的交易信息。

半自动售票机能按照 AFC 清算管理中心设置的票价表、购票限额、优惠制度、押金等系统参数发售或处理乘客使用的车票，由车站工作人员操作。可发售各种类型的车票，同时兼有补票、对储值票充值、对车票进行查验和票据打印的功能。半自动售票机具有收益管理功能。售票速度大于 1.25 张/s。平均故障间隔次数（MCBF）不小于 500000 次。

2. 半自动售票系统组成

半自动售票系统由票务人员操作半自动售票机赋值发售各种快轨专用车票，并具有车票分析、更新、加值、退票、补票等功能，可向车站计算机系统发送设备运营参数、票务及财务等记录报告，接收中央计算机系统下达的运行参数、控制命令。

半自动售票系统以主控单元为核心，辅以乘客显示器、半自动售票机、读卡器、电源等模块，还可以根据需要加配触摸屏、钱箱等部件，其组成如图 7-1 所示。

其中主控单元一般选用可靠性高的工业控制一体机，具有丰富的外部接口以支持外部设备的连接，安装有控制软件，负责控制各模块的运行，完成车票处理、现金处理、状态监控等操作。乘客显示器负责向乘客显示当次交易信息，如付款金额、购票数量、找零等信息。打印机负责打印各种票据和运营报告。车票读写器完成对车票赋值、分析和查询等操作。

3. 半自动售票系统安装位置

半自动售票系统一般安装在车站站厅的售票厅和补票厅内，可根据安装位置的不同而设置不同的操作模式。

（1）非付费区操作模式　在非付费区安装只售票的半自动售票机。

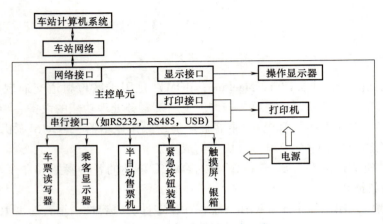

图 7-1 半自动售票系统组成

（2）付费区操作模式 在付费区安装有补票功能的售票机。

（3）兼顾付费区和非付费区操作模式 兼顾售票及补票功能的半自动售票机同时服务于付费区与非付费区，但对不同区域设置不同的乘客显示器。

4. 半自动售票机的功能

根据对象来划分，半自动售票机的整体功能可分为四种类型，见表 7-1。

表 7-1　半自动售票机整体功能

序号	项目	功能项描述
1	基本业务	面向乘客业务功能
2	管理业务	面向操作管理员业务功能
3	维护业务	面向维护人员业务功能
4	后台业务	面向 SC/LC 系统业务功能

（1）基本业务功能 半自动售票机的基本业务功能见表 7-2。

表 7-2　半自动售票机基本业务功能

序号	功能	功能介绍
1	售票	发售系统允许发行的各类车票
2	充值	对储值类车票进行充值
3	异常处理	包括更新、补票、车票分析等功能，便于操作
4	验票	读取车票内的数据，同时可以向乘客显示车票信息
5	退票退款	按照票务业务规则，办理退票退款业务
6	车票挂失	按照票务业务规则，只能对记名车票进行挂失处理操作，挂失后该车票立即生成黑名单信息，不允许再使用
7	冲正	对储值类车票的上一次充值操作进行撤销

（2）管理业务功能 半自动售票机的管理业务功能见表 7-3。

表 7-3　半自动售票机管理业务功能

序号	功能	功能介绍
1	登录	通过 ID 号和密码认证进入可以操作、维护半自动售票机的模式
2	操作间休	操作员暂时离开半自动售票机时，需要锁定业务操作画面，通过操作间休功能即可锁定业务画面，操作员重新操作时需要输入密码，验证正确后才可使用业务画面
3	补打交易	操作员可以在交易结束时应乘客的需要补打历史交易
4	数据重发	当数据没有上传完毕时，通过此功能可以加快数据上传
5	车票信息更改	可对车票内的信息进行修改，该信息可通过系统参数进行设置或屏蔽，包括：车票有效日期、黑名单、记名票个人信息、员工票的个人信息等
6	行政事务处理	可对地铁内行政收费进行处理，并且记录乘客的姓名、证件号码、备注具体情况经过，可以补收票款、乘客事务退款等业务

（3）维护业务功能　半自动售票机维护业务功能见表 7-4。

表 7-4　半自动售票机维护业务功能

序号	功能	功能介绍
1	软件更新	更新半自动售票机系统软件
2	参数下载	从 SC 申请下载半自动售票机设备运营参数
3	票箱设置	将当前各出票机构及票箱设定对应的票种
4	数据维护	导入、导出半自动售票机设备指定日期内的运营数据，并可清理指定日期内的运营数据
5	密码修改	修改半自动售票机终端设备内的操作员密码
6	时钟重设	重新设置半自动售票机终端设备的时钟
7	终端维护	对半自动售票机进行整机及部件测试，如有故障则显示相应的故障码

（4）后台业务功能　半自动售票机后台业务功能见表 7-5。

表 7-5　半自动售票机后台业务功能

序号	功能	功能介绍
1	稽核功能	记录系统设备的所有操作及事件，并打印审计报表
2	备份和恢复	在一定条件下可以对系统的数据进行备份，也可以自动恢复
3	系统监控	可向 SC 和 LC 上传设备状态、运行模式、报警及故障等信息
4	参数管理	通过网络接收参数，参数可即时生效
5	数据管理	至少可保存 7 日原始数据，数据保存时间可通过参数设置，可通过网络将有关数据上传到 SC。在离线状态时，也可以保存数据，并在重新连通时重新上传数据到 SC
6	时钟同步	在参数设定的时间间隔、重新启动、运营开始和结束时均进行时钟同步，在离线时也可人工修改时钟
7	黑名单处理	设备接收 SC 或 LC 下载黑名单信息，可以保存及处理至少 2×1000 条黑名单及组黑名单记录

(续)

序号	功能	功能介绍
8	软件管理	管理软件的现有版本以及历史版本
9	诊断功能	定时监控及报告设备主要部件状态，同时刷新系统各设备状态标志
10	一卡通业务	处理一卡通车票时，实行通过加密机在线认证方式
11	在线登录	登录时在线获取登录密码和用户权限

登录半自动售票机首先需要根据线路中心计算机系统设定参数中的用户名和密码来完成登录操作。用户名所属的用户组决定了该用户所拥有的权限，即每个用户所能完成的操作。如某地铁公司半自动售票机的操作分为三种角色：系统管理员、维护人员、操作人员。不同的角色具有不同的权限，不同权限的用户只能完成权限内的操作。

课题二　运行条件准备

1. 硬件准备

半自动售票机应用程序硬件运行环境见表 7-6。

表 7-6　硬件准备

硬件名称	说明
工控机	提供多个 RS232 数据通信接口、双并口、标准 USB 接口
CPU	Inter 2.0GHz
内存	1G
硬盘	250G
桌面读写器	1 台
钱箱	1 台
票据打印机	1 台针式票据打印机
显示器	1 台操作员显示器，2 台乘客显示器

2. 软件准备

半自动售票机应用程序软件运行环境见表 7-7。

表 7-7　软件准备

项目	名称	版本
操作系统	Windows	XPE（中文版）
运行环境	.NetFramework	2.0
数据库	SqlServer	MSDE2000

课题三　运行环境准备

一、安装及初始化

1. 系统安装

安装 Windows XPE 版操作系统。

2. 磁盘文件划分

在系统 D 盘下存储有 3 个文件夹，如图 7-2 所示。

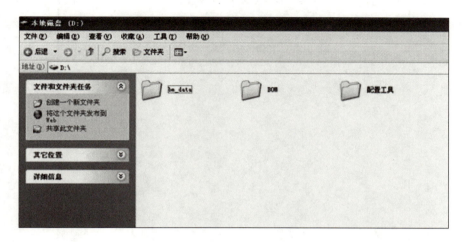

图 7-2　存储文件夹示意图

 说明
- bm_data 文件夹用于存储系统数据库文件及数据库日志文件
- BOM 文件夹用于存储半自动售票机系统程序文件
- 配置工具文件夹用于存储系统安装及参数配置文件

3. 运行环境.Net 配置

1）打开"D:\配置工具\DOTNETFrameWork"目录，如图 7-3 所示，运行 dotnetfx.exe 程序。

图 7-3　DOTNETFrameWork 对话框

2）打开如图 7-4 所示的对话框。

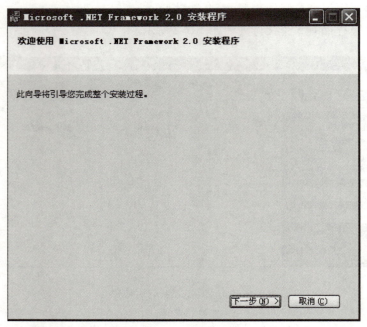

图 7-4　Microsoft .NET Framework 2.0 安装程序对话框

3）按系统提示单击"下一步"按钮,打开如图 7-5 所示的对话框,选择"我接受许可协议"复选框,否则不能继续往下,然后单击"安装"按钮。

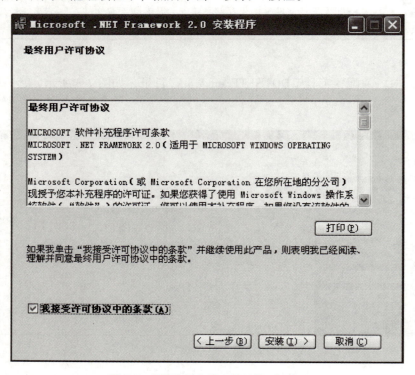

图 7-5　"最终用户许可协议"对话框

4)打开如图 7-6 所示的"安装组件"对话框,系统自动进行安装,并显示安装进度,等待安装完成。

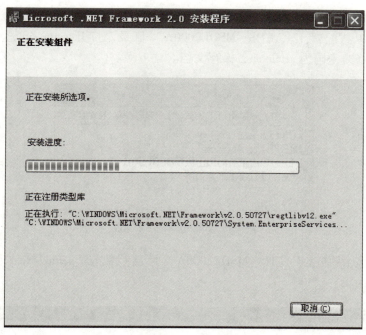

图 7-6 "安装组件"对话框

5)完成安装,如图 7-7 所示,单击"完成"按钮。

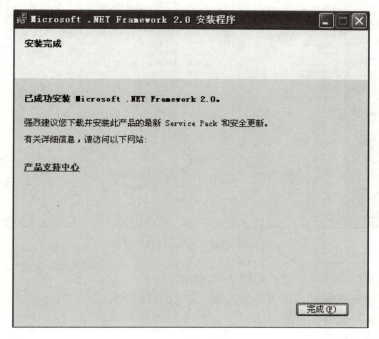

图 7-7 "安装完成"对话框

二、数据库安装与配置

数据库安装与配置

1. 数据库安装

1）打开"D:\配置工具\CHS_MSDE2000A"目录，打开 setup.ini，如图 7-8 所示，修改密码为 sztcmcm，保存文档。

图 7-8 "setup.ini"文本框

2）打开"D:\配置工具\CHS_MSDE2000A"目录，双击"setup.exe"图标，运行安装程序，如图 7-9 所示。

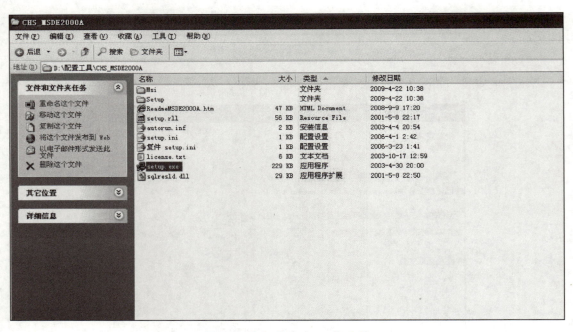

图 7-9 选中"setup.exe"文件

3）系统自动配置环境信息，如图 7-10 所示。
4）系统自动完成配置，显示时间进度，如图 7-11 所示。
5）程序安装完成后，自动退出，安装成功。
6）重新启动计算机。

单元七 半自动售票机

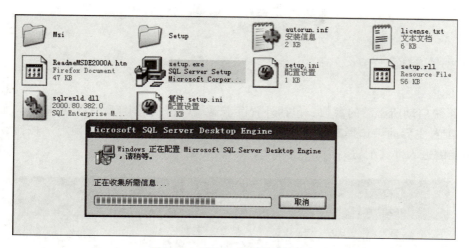

图 7-10 系统自动配置环境信息

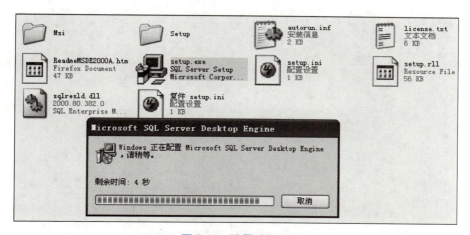

图 7-11 配置过程图

2. 数据库配置

1）确保"D:\bm_data"目录下存放有数据库文件。

2）运行"D:\配置工具\数据库配置工具"下的 sys_parameter.cmd 文件。

三、系统安装与运行

1）复制最新的 BOM 程序包到 D 盘 BOM 目录下。

2）运行 BOM 系统。

方式 1：双击桌面快捷方式 ![BOM], 即可运行系统。

方式 2：单击系统"开始"按钮，进入程序列表，选择 BOM 程序，单击即可运行系统。

 课题四　系统操作

一、参数配置

1. 功能描述

配置系统启动所必需的参数，包括外置读卡器端口、钱箱串口、打印机串口。

（1）配置主界面　选择参数如图 7-12 所示，配置完成后，单击"确定"按钮，然后按〈F8〉功能键进入部件配置界面。

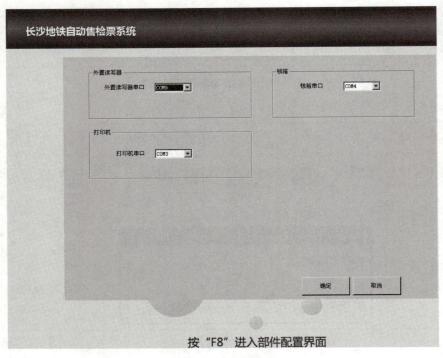

图 7-12　参数选择图

（2）参数配置　进入部件配置界面后，对各参数进行具体配置，完成配置数据后会进行自动检测，如出现冲突，会出现如图 7-13 所示的检测界面。

（3）参数调整　针对冲突的参数进行调整，直到出现如图 7-14 所示的参数配置成功界面。单击"确定"按钮，安装完成。

2. 操作步骤

1）单击"登录"按钮，显示登录界面。

2）按〈F8〉功能键，显示配置界面。

3）选择系统对应信息。

4）单击"确定"按钮。

5）系统给予"成功"或者"失败"提示。

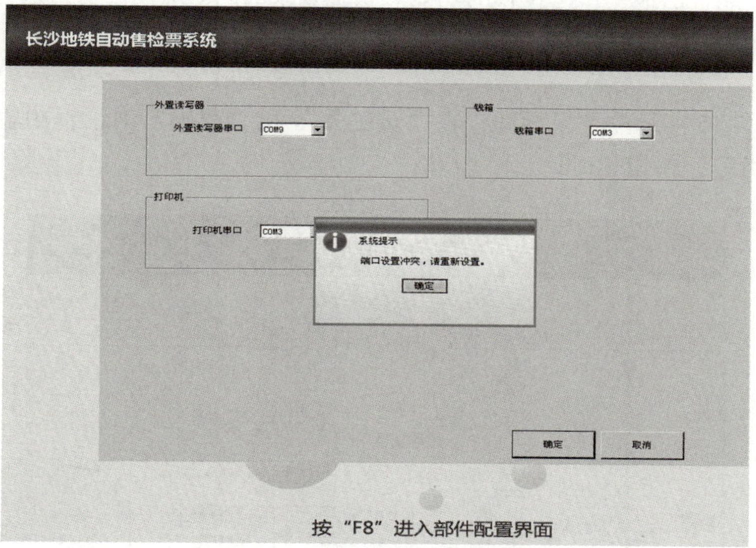

图 7-13 检测界面

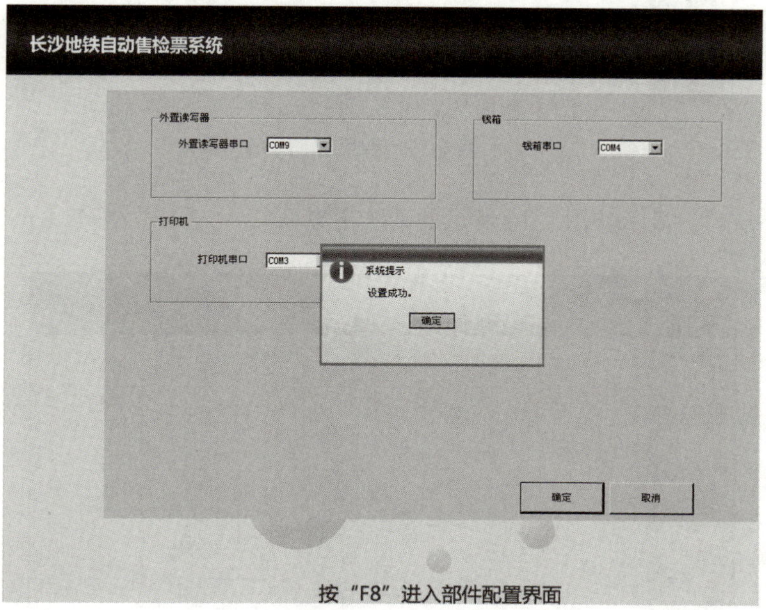

图 7-14 参数配置成功界面

二、系统登录

1. 功能描述

在正式进入本系统进行具体功能操作之前，要求用户进行注册登记。只有通过系统认证为合法的用户，才有权利进入系统，同时系统将会根据注册的用户进行功能授权和权限控制，使得用户只能合法地操作已授权的功能。系统登录的同时对用户身份进行验证，并对外置读卡器进行检测。

2. 操作

1）打开图 7-15 所示的登录界面，在"员工号"和"密码"对话框中输入申请的用户权限，单击"确定"按钮。

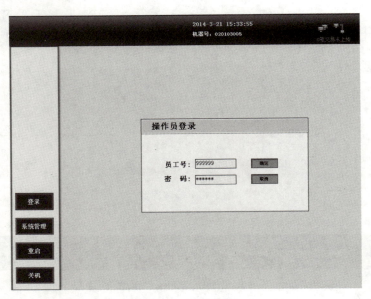

图 7-15 登录界面

2）成功登录后，显示如图 7-16 所示的系统主界面。

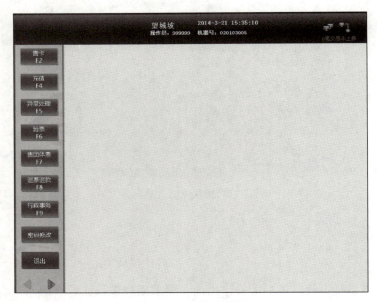

图 7-16 系统主界面

3）登录验证外置读卡器，如果登录失败，则显示如图 7-17 所示的界面。

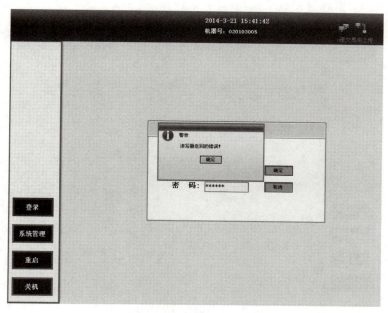

图 7-17　验证外置读卡器

 课题五　系统管理

为系统管理员提供系统管理功能，在此模块对计算机进行维护。
1）单击"系统管理"按钮，显示如图 7-18 所示的管理登录界面。

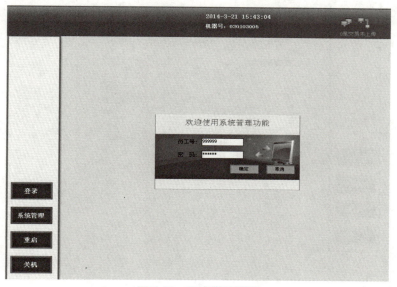

图 7-18　系统管理界面

2) 在"员工号"和"密码"对话框中输入用户 ID 和密码，系统验证通过后进入管理界面，图 7-19 所示为系统管理登录成功界面。

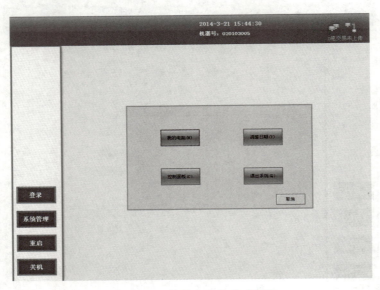

图 7-19　系统管理登录成功界面

3) 调整和维护。
① 管理员选择"我的电脑"，进行电脑文件维护。
② 管理员选择"调整日期"，进行日期调整，如图 7-20 所示。

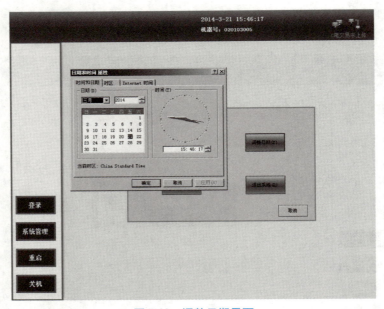

图 7-20　调整日期界面

③ 管理员选择"控制面板"，进行系统配置维护，如图 7-21 所示。

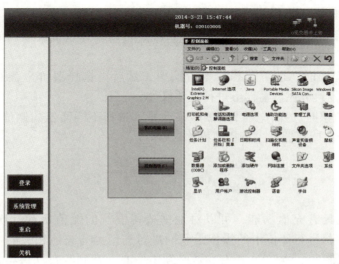

图 7-21　系统配置维护界面

④ 管理员选择"退出系统",退出 BOM 系统。

 课题六　售　　卡

半自动售票机具有售票功能,能够发行系统允许发行的各类车票,其中包括地铁公司发行的各类 IC 票卡。IC 票卡的种类包括:单程票、储值票、纪念票、计次票及将来可能发行的各类 IC 票卡。半自动售票机只能将新初始化或回收处理后的卡出售给客户。

1) 单击"售卡",显示图 7-22 所示的售卡操作界面。

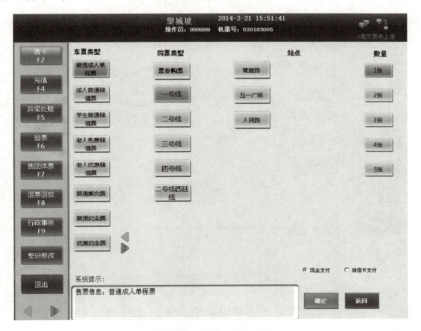

图 7-22　售卡操作界面

2）选择售卡类型。售卡类型有单程票和储值票两种。

① 当选择单程票时，需选择到站地点，系统会自动计算票价金额，单击"确定"按钮后，放置票卡在读写器上进行售票操作。

② 当选择单程票时，也可选择按票价购票，然后再选择票价金额和购票张数，单击"确定"按钮，放置票卡在读写器上进行售票操作。

③ 当选择储值票时，操作员可以按照乘客要求选择不同面值的储值卡，单击"确定"按钮后，放置票卡在读写器上进行售票操作。

课题七　充　　值

半自动售票机具有充值功能，可以对地铁公司发行的储值票和计次类车票进行充值（次）。半自动售票机进行储值卡的操作是联网进行充值。与充值相关的参数有可充值的票种、充值次数、充值上/下限等，所有参数必须由中心下发到半自动售票机，并与中心保持一致。

对于可透支的储值票，充值时必须从充值额中扣除透支的金额；对于计次类车票，只可选择由系统参数设定的金额。

半自动售票机可从 LC 下载充值金额列表信息，并对储值票及计次票充值分别进行设定。

1）单击左侧菜单"充值"按钮，显示图 7-23 所示的充值列表界面。

图 7-23　充值列表界面

2）将储值卡放置于读卡器感应区，并根据乘客要求选择对应充值金额。

3）单击"确定"按钮，完成"充值"功能。

课题八 异常处理

异常处理是指对不能正常进、出站的票卡进行读卡分析，根据分析得出的异常原因进行处理或给出解决方法等。四种可能的异常原因为非付费区的"票卡为已入站状态"；付费区的"储值票余额不足""滞留超时""无有效票卡"等，其中只有"无有效票卡"（不能出示有效票卡等）可以由人工确定，其余的必须通过"读卡分析"来确定。

车票异常处理

1. 主菜单

选择主菜单中的"异常处理"，打开图 7-24 所示的异常处理界面。

图 7-24 异常处理界面

2. 区域选择

选择所在区域："付费区"或"非付费区"，系统默认为最近一次更改的所在区域，如图 7-25 所示。读卡分析后，在"卡基本信息"框中显示卡的基本信息。

（1）付费区

1）如果是非有效票卡（票卡已明显损坏）。

①人工选择"无有效票卡"。

②"付款额"处输入出售的出站票金额。

③单击"异常处理"按钮。

④系统将按照付费额售出一张出站票，在"处理结果"栏中显示处理结果。

2）如果能够出示票卡。

①单击"读卡分析"按钮，系统提示"请将卡片置于读卡器上"。

图 7-25 所在区域选择界面

② 按系统要求将票卡放在读卡器上读卡,否则单击"取消"按钮取消本次操作。

③ 系统进行读卡分析,分析结果显示在"显示结果"栏中。

④ 付费区内可能的情况为卡余额不足、滞留超时和无有效票卡,如果是这三种可能情况中的一种或者两种,在"付款额"处输入罚金或充值金额。

⑤ 选择"现金支付"或"卡支付",当卡余额不足或无有效票卡时,系统拒绝使用"卡支付"方式。

⑥ 单击"异常处理"按钮,系统会对票卡异常原因做处理(票卡充值、更改入站时间、售出站票等),对于其他异常情况系统会提示另做处理。

(2) 非付费区 在非付费区内,票卡异常原因可能是在票卡为已入站状态(其他情况系统将提示原因,需手工另行处理)。

1) 单击"读卡分析"按钮,系统提示"请将卡片置于读卡器上"。

2) 按系统要求将票卡放在读卡器上读卡,否则单击"取消"按钮取消本次操作。

3) 系统进行读卡分析,分析结果显示在"分析结果"栏中。

4) 如果异常原因为"票卡为已入站状态",在"处理方式"的"付款额"中输入罚款金额。

5) 选择"现金支付"或"卡支付"方式支付罚金。

6) 单击"异常处理"按钮,系统自动清除卡入站标识,异常处理结果显示在"显示结果"栏中。

7) 如果支付罚金的方式是"现金支付",则卡上不写交易,只是清除了已入站标识。

3. 异常处理界面

异常处理界面(确认处理)如图 7-26 所示。

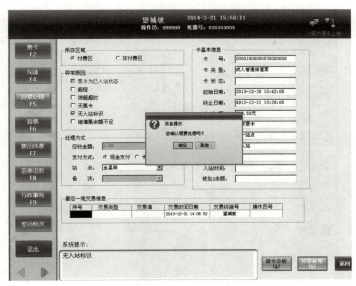

图 7-26　异常处理界面（确认处理）

课题九　验　　票

验票主要用于检验卡是否合法，并显示卡的详细资料及其交易情况。

操作员单击图 7-27 所示界面左侧菜单栏的"验票"按钮，显示单程票验票界面；然后单击"验票"按钮或选择菜单"验票"选项，同时把卡放在读卡器上；读卡后，系统会自动显示该卡的详细资料以及其最近的交易记录；检查完成后单击"返回"按钮关闭窗口。

储值票验票界面如图 7-28 所示。

图 7-27　单程票验票界面

图 7-28　储值票验票界面

 课题十　售团体票

为满足团体订票的需求，对符合购票条件的团体单位进行售票。

1）在如图 7-29 所示的界面中选择主菜单"售团体票"选项。

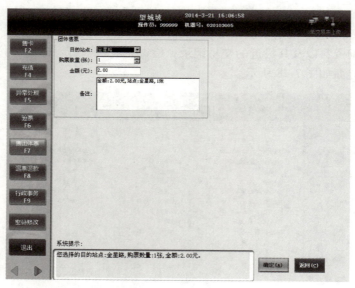

图 7-29　售团体票界面

2）系统进入团体售票窗口，在窗口中选择目的站点、购票张数，系统自动按计费规则计算票价。

3）完成各输入项后单击"确定"按钮，此时系统会提示"确认数据是否输入正确？"，选择"是"，则完成交易，数据被送到结算中心进行处理，否则不做处理。

课题十一 退票退款

退票即退卡，退票后该车票即回收不可再使用，上交票务中心重新处理。

退票设计仅包含对单程票和一卡通储值票的退票设计，半自动售票机退票功能按实际票务政策，软件暂不设限（退票额度不超过票卡实际余额）。

退票分为即时退票和非即时退票两种，在办理退票前，应当对车票进行有效性分析，检查车票的合法性和车票状态。车票是否允许退票，由该票卡的属性决定。对于车票内部编码信息未被损坏，且符合即时退票条件的则办理即时退票手续，否则办理非即时退票手续。

对单程票为即时退票，对其他票都设计为非即时退票，对于能读出卡信息的票，根据读出的卡信息打印单据给乘客。不能读写的票，由人工填写单据，乘客凭单据到 ACC 或其他机构办理退票退款。

在车票使用期间，如果涉及列车故障模式或降级模式等非正常模式，乘客可以在任何车站无条件退票。如果在正常模式下，操作员则要检查车票的售出地点和退票地点是否一致，只有车票的售出车站才能处理退票。

1) 单击"退票退款"按钮，进入图 7-30 所示的操作界面。

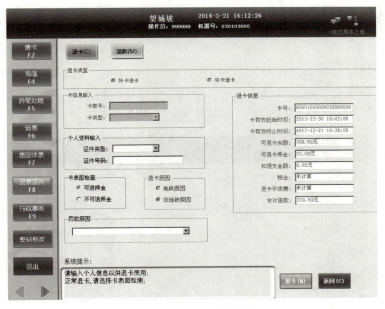

图 7-30 退票退款界面

2) 将票卡放置于读卡器感应区。

3) 单击左上角的"退卡"按钮，系统会自动读取票卡信息并将票卡信息显示于处理界面。

4) 选择退卡原因，单击"确定"按钮，系统会自动判断票卡是否允许退还，并给予信息提示，如图 7-31 所示。

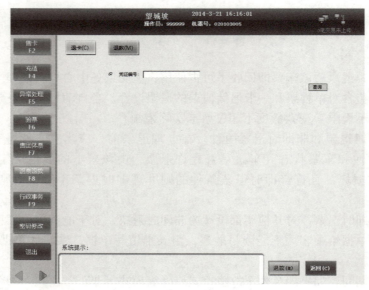

图 7-31　退卡原因提示界面

课题十二　行 政 事 务

一、售行李票

当乘客携带超过地铁运营公司运营规定的行李（如超重）时，半自动售票机可以对乘客发售行李票，售票员根据运营政策规定，发售一定金额的行李票，并打印小票凭证。

1）在图 7-32 所示的操作界面中，单击"售行李票"按钮。

图 7-32　售行李票界面

2）选择目的站点，系统按照计费规则会自动计算对应的金额。
3）单击"确定"按钮。

二、补收票款

半自动售票机可以根据地铁运营公司票务管理规定，合理收取因乘客违章带来地铁运营收入的损失，以及解决票务纠纷问题，如儿童超高、遗失车票、一卡多用、无票乘车、卡余额不足且不充值、闸门误用、车票失效等。

1）在图 7-33 所示的操作界面中，单击"补收票款"按钮，进入补收票款界面。
2）根据乘客的说明，选择对应的原因，系统自动计算出相应的金额。
3）单击"确定"按钮。

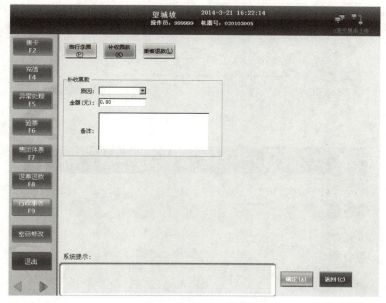

图 7-33　补收票款界面

三、乘客退款

半自动售票机可以解决由于自动售检票设备故障带来的票务纠纷，退还乘客的损失，如 TVM 卡币、TVM 卡票、TVM 少找币、TVM 少出票、设备发售无效票、设备充值失败等原因造成乘客的损失。图 7-34 所示为乘客退款界面。

1）在图 7-34 所示的操作界面中，单击"乘客退款"按钮，进入乘客退款界面。
2）根据乘客的说明，选择对应的原因，系统自动计算出相应的金额。
3）单击"确定"按钮。

四、密码修改

操作员可以在半自动售票机设备终端修改自己的登录密码，同时修改的密码要经过服务器进行确认，也就是要求半自动售票机设备处于在线状态时，密码修改才能生效。

1）在图 7-35 所示的操作界面中，输入旧密码。

2）输入新密码，并再次输入新密码。
3）单击"确定"按钮。

图 7-34　乘客退款界面

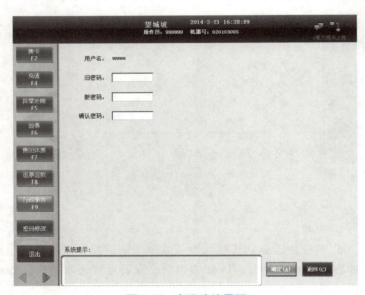

图 7-35　密码确认界面

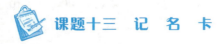

课题十三　记　名　卡

一、记名卡申请

填写记名卡申请人信息、申请卡信息，进行记名卡申请登记。

1）在图 7-36 所示的操作界面中，在"申请人信息"选项组中填写申请人基本信息，如证件号码、姓名、性别等。

2）在"申请卡信息"中选择卡类型，然后填写押金和费用。

3）单击"确定申请"按钮，进行申请；或单击"返回"按钮，退出操作。

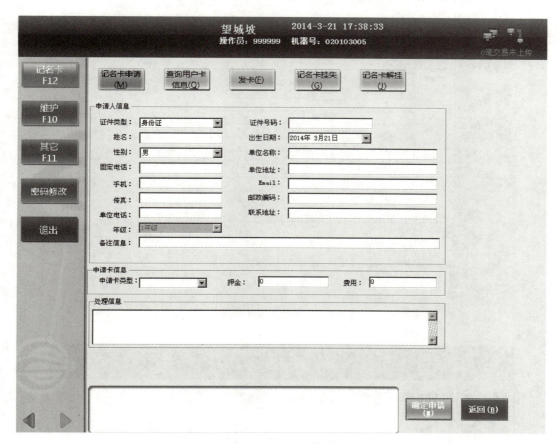

图 7-36　基本信息界面

二、查询用户卡信息

根据证件号、卡号、申请单号等查询用户记名卡信息及记名卡申请处理结果等。

1）在图 7-37 所示的操作界面中，选择证件类型，输入证件号码、卡号或只输入申请单号进行组合。

2）单击"查询"按钮，可显示处理的信息。

三、发卡

根据记名卡申请审核情况进行记名卡发卡，发售记名卡。

1）在图 7-38 所示的操作界面中，在"记名卡发卡"选项组中填写小票号，勾选"记名卡号"复选框后填写卡号，然后选择证件类型并填写证件号码。

2）根据处理信息，单击"确定发卡"按钮。

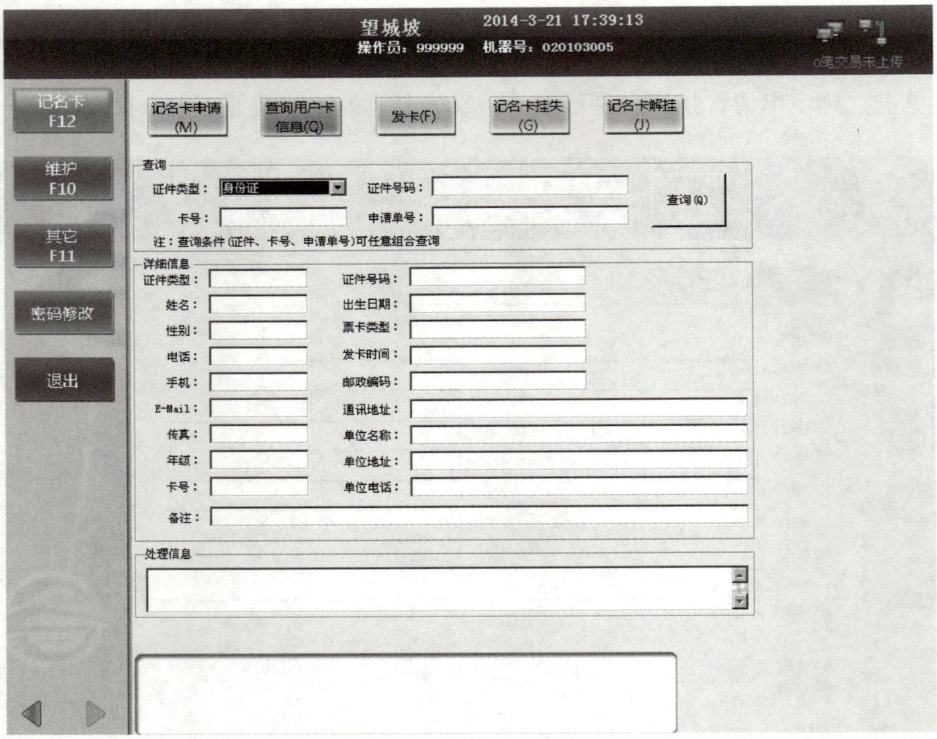

图 7-37 查询用户卡信息界面

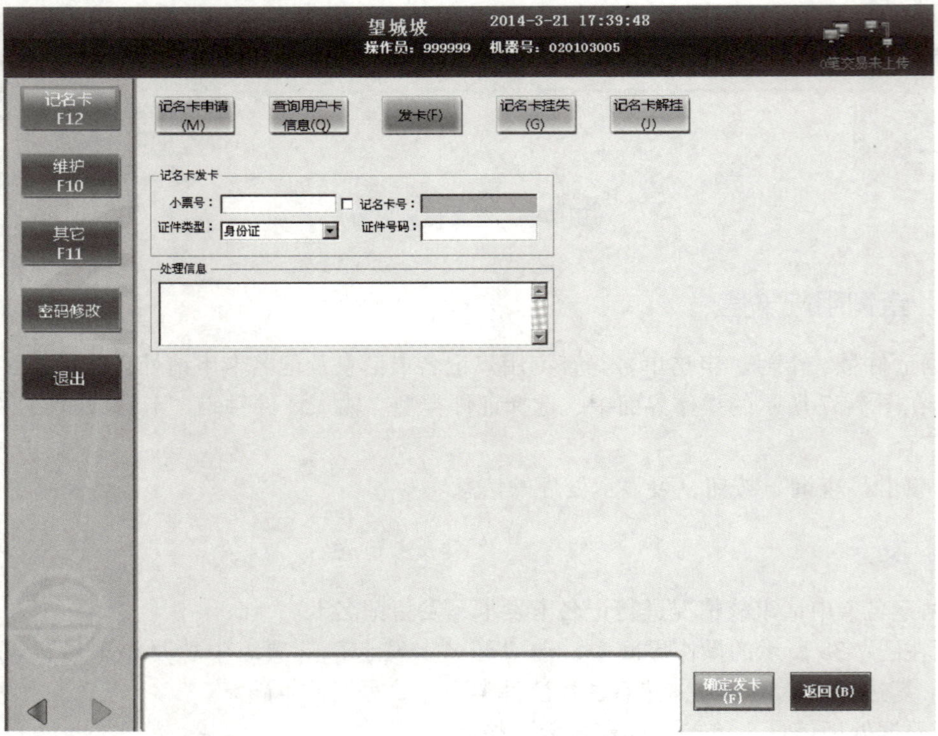

图 7-38 记名卡发卡界面

四、记名卡挂失

对丢失的记名卡进行信息登记,完成记名卡挂失操作。

1)在图 7-39 所示的操作界面中,在"记名卡挂失"选项组中选择证件类型,勾选"卡号"复选框并输入相应卡号,然后输入证件号码。

2)根据处理信息的反馈,单击"确定挂失"按钮。

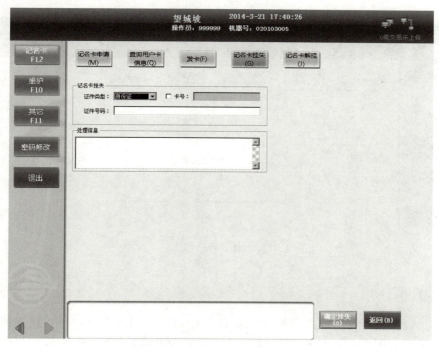

图 7-39 记名卡挂失界面

五、记名卡解挂

找回记名卡后,对已挂失的记名卡进行解挂操作。

1)在图 7-40 所示的操作界面中,在"记名卡挂失"选项组中选择证件类型,勾选"卡号"复选框并输入相应卡号,然后输入证件号码。

图 7-40 记名卡解挂界面

2）根据处理信息的反馈，单击"确定解挂"按钮。

课题十四　维　　护

维护包括操作间休、软件维护、终端维护、参数管理、数据管理五项功能。
单击"子菜单"按钮，进入图 7-41 所示的操作界面。

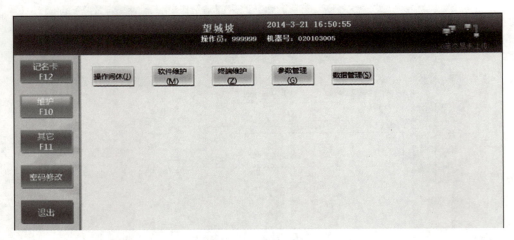

图 7-41　维护界面

一、操作间休

当操作员需要离开窗口或系统检测到操作员在规定时间内没有进行系统操作（主要是鼠标、键盘活动）时，对系统进行暂时锁定，待输入正确的 ID 和密码后才可以进行继续操作。

1）在图 7-41 所示的操作界面中，单击"操作间休"按钮，进入图 7-42 所示的操作间休界面或者在系统规定时间内，没有检测到操作员有系统操作，自动显示该窗口。

2）输入员工号和密码。

3）单击"确定"按钮。

二、软件维护

软件维护提供系统名称、版本编号、读写器驱动版本、参数版本、SAM 卡电子 ID 信息。

1）在图 7-43 所示的操作界面中，单击"软件维护"按钮，系统会自动读取对应信息。

2）单击"退出"按钮，退出软件维护界面。

三、终端维护

半自动售票机设备在出现故障时，操作员可以通过终端维护功能来检测设备故障，如果故障无法解除时，设备可以给出设备故障信息及故障码。

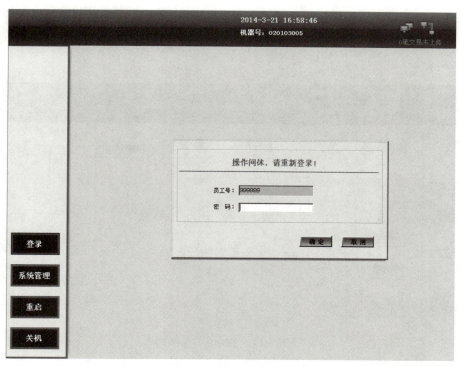

图 7-42 操作间休界面

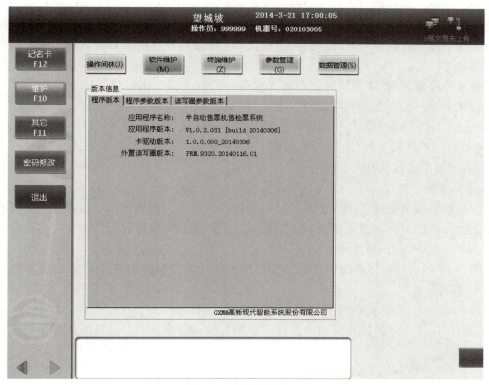

图 7-43 软件维护界面

终端维护提供设备重连接、部件维护、设备日志操作及查看功能。在图 7-44 所示的操作界面中，单击对应的按钮，进入对应的操作界面。

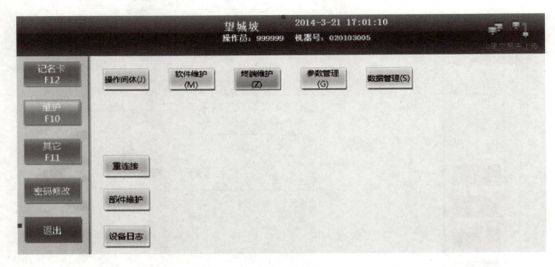

图 7-44　终端维护界面

1. 设备重连接

对于此功能，在连接设备前，先释放掉该部件所占用的系统资源，关闭该部件打开的串口，然后重新打开该部件需要打开的串口，同时对该部件的状态编码复位。如果重新连接失败，系统给出该部件连接失败的原因及出错代码，提示操作员解决设备故障，同时系统自动记录系统故障日志。

设备重连接提供 BOM 系统外围设备（包括外置读卡器、出卡设备 1 发卡机构、出卡设备 1 内置读卡器）的连接检测功能。

1）在图 7-45 所示的操作界面中，选择需要重新连接的设备组件。
2）单击"重连接"按钮。
3）系统给出连接成功与否信息。

2. 部件维护

部件维护提供对系统外围设备发送的特定指令及设备检测功能，可以对外置读写器进行卡读写测试、可以对乘客显示器进行显示测试、对票据打印机进行打印测试、对钱箱进行开关测试。

在图 7-46 所示的操作界面中单击"部件维护"功能按钮，即可实现对应的功能。

3. 设备日志

查看系统日志，并可以按照设定的条件进行查询日志。

1）在图 7-47 所示的操作界面中，设定起始日期、结束日期，选择操作结果类型，设定操作员编号。
2）选择部件，输入查询最近记录数。
3）单击"查询"按钮，显示日志信息。

单元七 半自动售票机 | 145

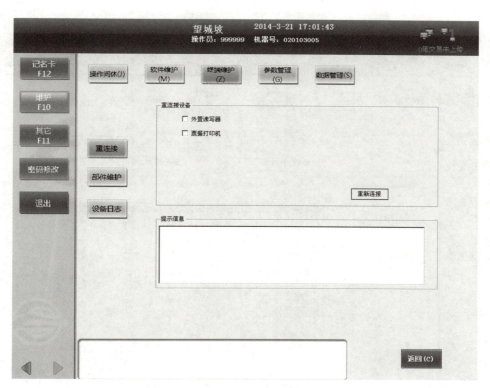

图 7-45 重连接功能按钮界面

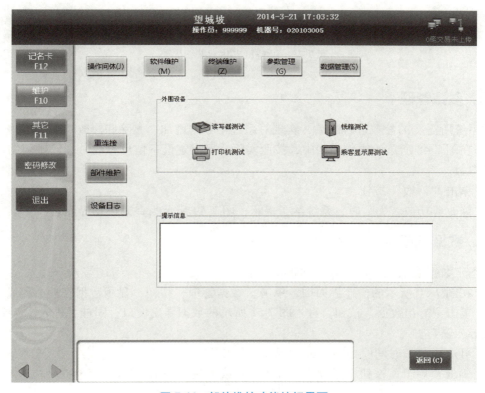

图 7-46 部件维护功能按钮界面

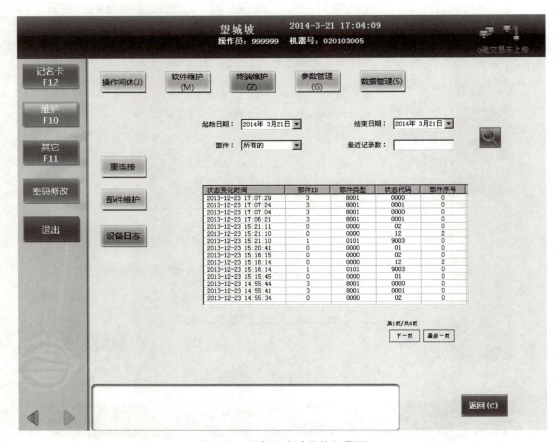

图 7-47 设备日志功能按钮界面

四、参数管理

对系统所需要的参数进行配置,实现对系统参数的增加、删除和修改功能。

1)在图 7-48 所示的操作界面中,按照实际情况设定设备信息参数,本设备网络参数以及通信参数。

2)单击"修改"按钮。

3)修改成功或者失败时,系统给予提示,图 7-49 所示为登录成功界面。

五、数据管理

将指定数据表信息导出和导入到指定目录下。

1)在图 7-50 所示的操作界面中,单击"数据管理"按钮,显示数据管理主界面。

2)单击"导出数据"按钮,进入图 7-51 所示的数据导出窗口;同理可进入图 7-52 所示的数据导入窗口。

3)可选择"按时间段导出"或"无条件导出"。

4)单击"导出"按钮,系统给予导出成功或者失败提示,如图 7-53 所示。

单元七 半自动售票机 | 147

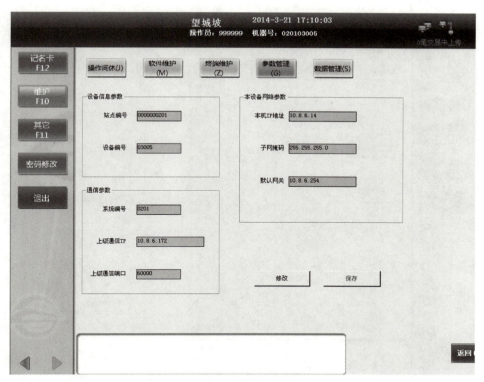

图 7-48 参数管理界面

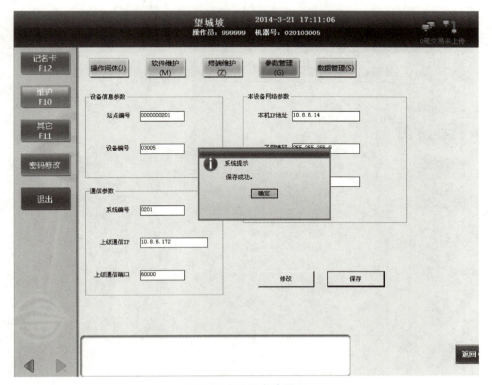

图 7-49 登录成功界面

图 7-50　数据管理界面

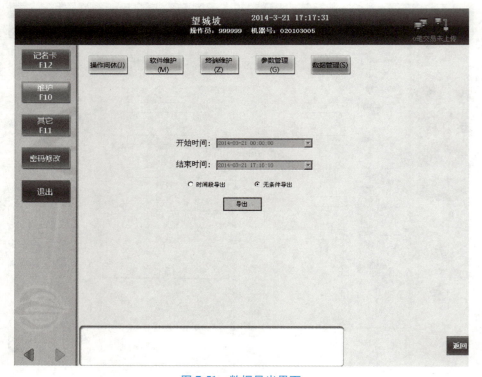

图 7-51　数据导出界面

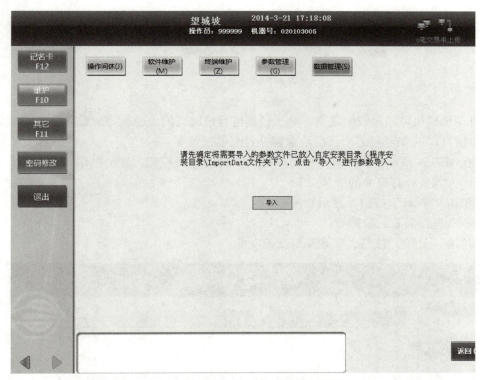

图 7-52　数据导入界面

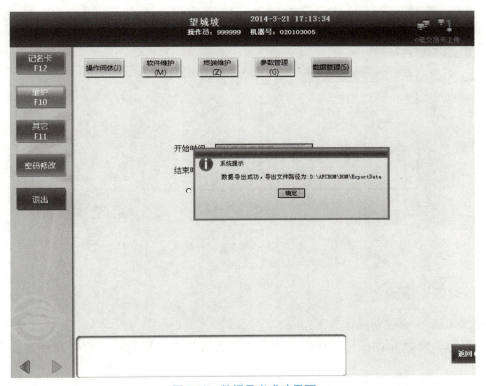

图 7-53　数据导出成功界面

 课题十五 其 他

一、补打交易

半自动售票机可通过权限级别,对于已经进行过的充值、退款等所有需要打印的交易记录进行事后打印(如经过若干天后给乘客补打充值记录等)。

1)在图 7-54 所示的操作界面中,单击"补打交易"按钮,显示操作界面。
2)输入需要补打交易的卡号。
3)单击"查询"按钮,显示相关数据。
4)单击选择需要的数据行。
5)单击"打印"按钮,实现补打交易功能。

图 7-54 补打交易界面

二、有效期更改

修改储值票卡有效期操作如下:

1)在图 7-55 所示的操作界面中,将需要更改有效期的储值票卡放置到外置读卡器感应区。
2)单击"卡有效期更改"按钮,系统会自动对票卡进行验证并读取票卡信息。

3）当票卡符合更改条件时，操作员输入新的时间。
4）单击"确定"按钮即可完成有效期的更改。
5）当票卡不符合更改条件时，系统会给予原因提示。

图7-55 有效期更改界面

三、个人资料更改

修改储值卡（如员工票、记名储值票）的信息步骤如下：
1）将需要更改信息的储值票卡放置到外置读卡器感应区。
2）输入卡号、姓名、性别、证件类型及证件号码等信息。
3）单击"确定"按钮确认信息更改。

四、冲正

当卡的上笔交易为售卡或充值交易时，由于误操作等原因，乘客可以要求提出多充部分的资金。
1）在图7-56所示的操作界面中，将车票放置在外置读卡器上，读出车票余额。
2）系统分析出当前车票的最高可提现额度，如不满足提现条件则给出提示。

五、卡解锁

卡解锁是针对系统类型为黑名单的储值卡，将其状态修改为正常状态。
1）在图7-57所示的操作界面中，将需要解锁的票卡放置在外置读卡器感应区。

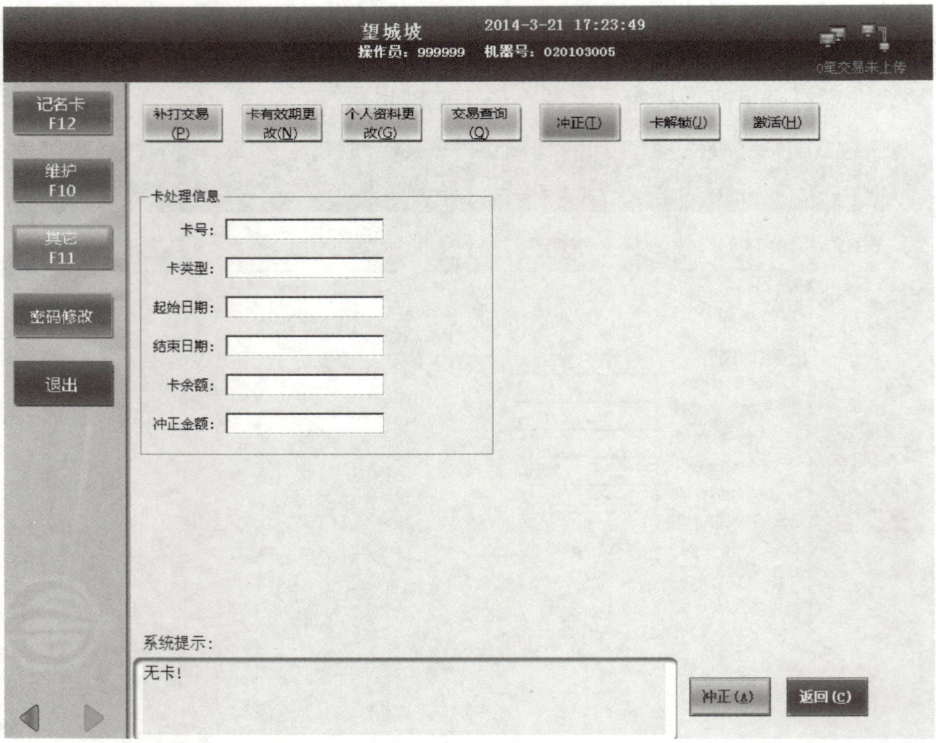

图 7-56　冲正界面

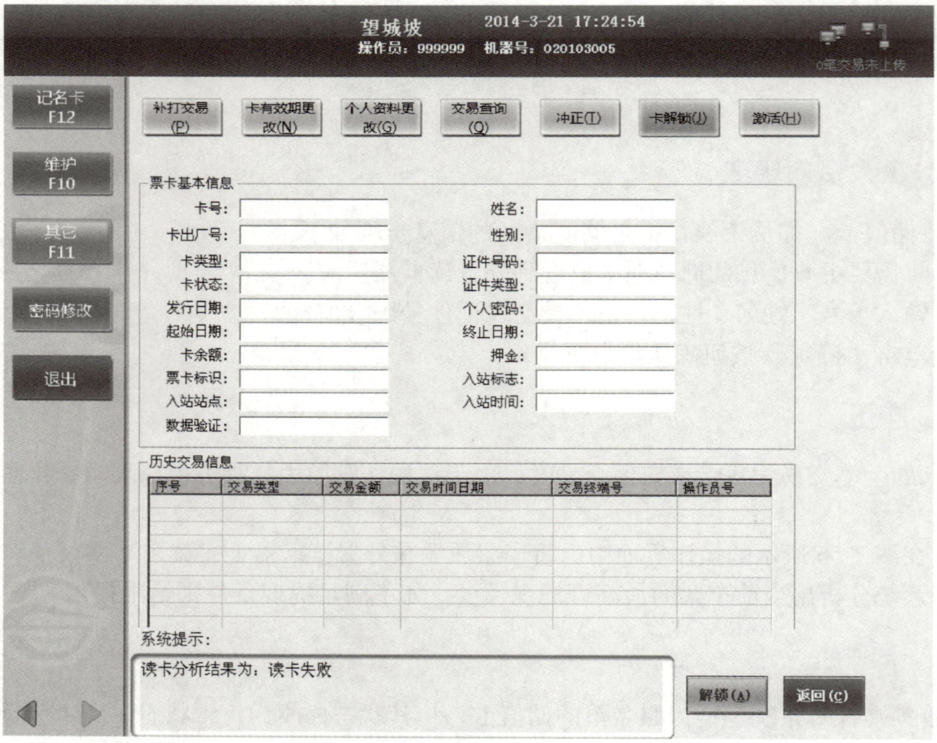

图 7-57　卡解锁界面

2)单击"解锁"按钮,系统会自动验证票卡有效性,并给予解锁操作的结果。

六、挂失卡退押金

挂失卡退押金是对储值卡进行挂失,将卡内押金退还给持卡人,并将卡状态修改为回收状态的过程。

1)将票卡放置在外置读卡器感应区。

2)单击"挂失卡退押金"按钮,系统进行票卡有效性验证,当票卡通过验证,系统自动读取票卡信息。

3)单击"确定"按钮,即可实现挂失卡退押金功能。

4)当票卡没有通过有效性验证时,系统给予原因提示。

七、激活

地铁发行的预售车票,如纪念车票、次票等车票,在使用前需要到半自动售票机上激活方可使用。

卡激活时主要激活车票有效日期,车票其他信息如车票基本信息、卡余额不做修改。

1)在图7-58所示的操作界面中,将票卡放置到外置读卡器感应区。

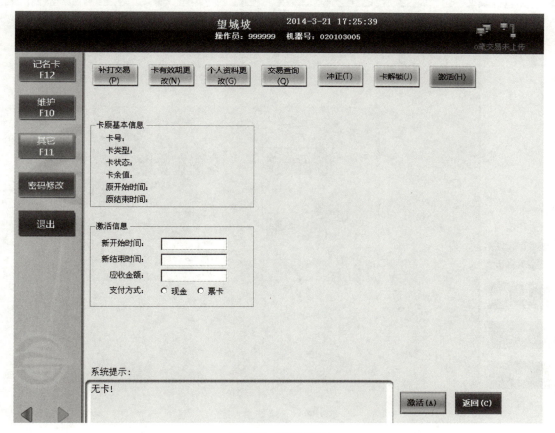

图7-58 激活界面

2) 单击"激活"操作按钮，系统对票卡进行有效性验证，当验证通过时，系统对票卡进行激活操作，并提示操作结果状态。

3) 当验证失败时，系统会给予验证失败原因提示。

 课题十六　退　　出

终止系统操作，返回到系统主页面，在此，操作员可以选择重新登录或者进入系统管理界面进行系统管理。

1) 单击"退出"按钮，进入系统管理界面，如图7-59所示。

2) 在系统管理界面单击"登录"按钮，管理员身份经验证后才可进行退出操作，如图7-60所示。

3) 单击"退出系统"按钮，退出系统。

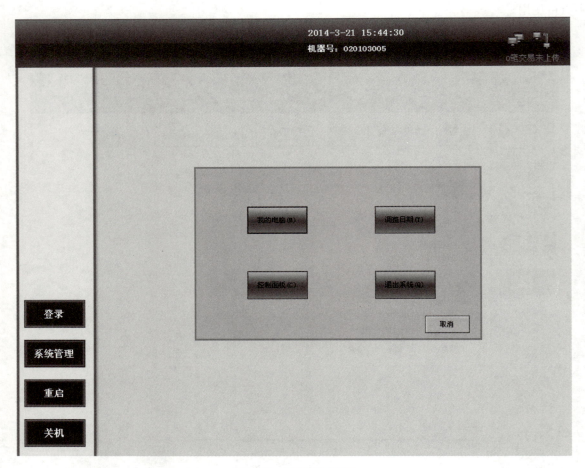

图7-59　系统管理界面

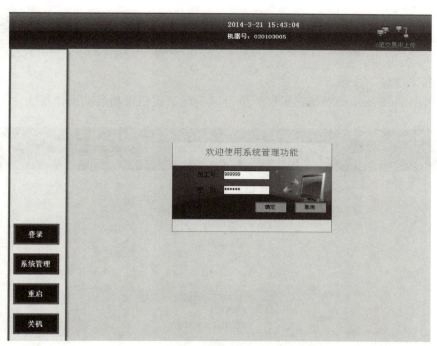

图 7-60　登录界面

课题十七　关　　机

退出 BOM 系统，关闭计算机，如图 7-61 所示。

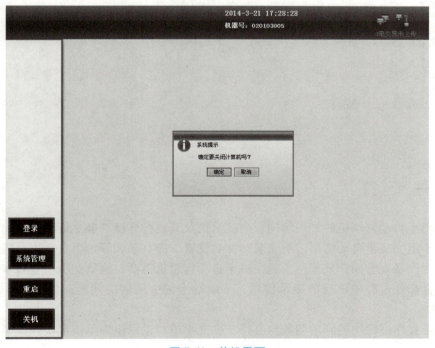

图 7-61　关机界面

课题十八 重 启

1)单击"重启"按钮。
2)弹出图 7-62 所示的系统提示框,单击"确定"按钮重新启动操作系统。

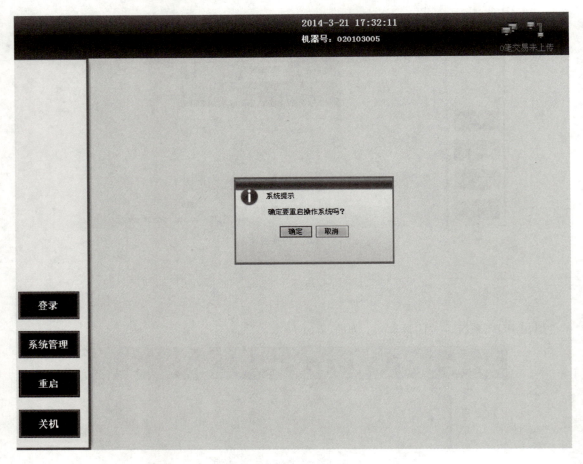

图 7-62 重启操作系统界面

【任务实践】

1)熟悉半自动售票机的外观结构、内部结构及其运行环境(软、硬件)。
2)分小组完成半自动售票机的安装和参数设置,能登录和管理半自动售票机系统。
3)根据设备安全操作规范,正确完成半自动售票机售票、退票、退款等基本操作。
4)根据操作过程中出现的提示信息,采取恰当的方法解决问题;当出现异常情况时,能冷静处理。
5)记录操作过程中遇到的问题与心得,提交小组讨论以组为单位汇报操作情况。

【课外拓展】

1. 根据故障现象处理

仔细查看半自动售票机的故障现象,并说明在实际操作过程中遇见故障时的处理方法。半自动售票机的常见故障及解决方案见表 7-8。

表 7-8 半自动售票机常见故障及解决方案

序号	故障现象	故障原因分析	故障解决方案
1	无法充值	储值卡读卡器没有正确连接	正确连接储值卡读卡器
2	屏幕显示"网络连接失败"	网络出现故障	1)检查半自动售票机和服务器之间的网络连接是否正常 2)检查系统服务器软件是否正常运行
3	乘客显示器没有显示	可能是由于乘客显示器电源没有打开或者连接错误	打开乘客显示器电源或者检查线缆连接
4	不能打印凭条	可能是由于打印机电源没有打开或者打印纸已经用尽	检查打印机电源或者正确安装打印纸
5	无法发售单程票	单程票发售模块内没有放入车票或者票箱没有正确安装	1)放入发售用车票 2)正确安装票箱
6	显示"暂停服务"	可能是由于维修门没有关上	检查维修门并将维修门全部关紧上锁

2. 根据故障设备数量处理

其处理方式如图 7-63 所示。

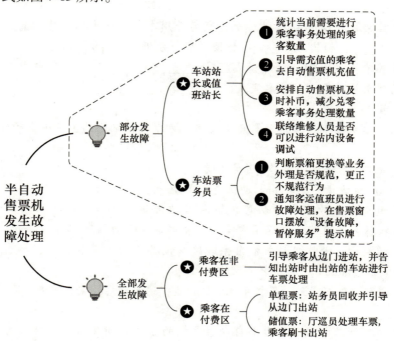

图 7-63 根据故障设备数量处理故障

【思考练习】

一、单项选择题

1. BOM 的中文名字为（　　）。
   A. 自动售票机　　B. 自动检票机　　C. 自动查询机　　D. 半自动售票机
2. BOM 的操作系统是（　　）。
   A. UNIX　　B. Windows XPE　　C. Solaris　　D. DOS
3. 半自动售票机（BOM）不可以发售哪种票卡（　　）。
   A. 单程票　　B. 车站工作票　　C. 福利票　　D. 一卡通储值卡
4. 半自动售票机（BOM）票卡发行单元读卡器最大读写距离为（　　）。
   A. 5mm　　B. 6mm　　C. 10mm　　D. 15mm
5. 半自动售票机（BOM）电源模块不能提供（　　）电源。
   A. 交流 220V　　B. 直流 24V　　C. 直流 5V　　D. 直流 12V
6. 半自动售票机离线状态指的是什么？（　　）
   A. 与 Internet 网断开连接
   B. 与车站计算机系统的连接断开
   C. BOM 电源线断开
   D. 与 PCA 的连接断开
7. 半自动售票机上传交易数据给哪个系统？（　　）
   A. TC　　B. MC　　C. SC　　D. AG

二、填空题

1. 半自动售票机（BOM）提供对轨道交通专用车票、一卡通车票的售票、_____、充值、_____、_____、扣款、_____、替换、交易分析、收益统计等。
2. 半自动售票机（BOM）电源模块能提供_____、_____、220V 电源。
3. 半自动售票机可设置成售票模式、_____和_____。

三、判断题

1. 半自动售票机方卡传输单元与自动售票机方卡传输单元的主控板在硬件上是一致的。（　　）
2. BOM-2000 机票据打印机是针式打印机。（　　）
3. BOM-2000 机方卡传送机构电动机是 24V 直流。（　　）
4. 重庆轨道交通二号线半自动售票机的工控机端多串口卡连接松动的情况下，使得 Windows 2000 操作系统有可能误提示需重新安装串口卡驱动程序。（　　）
5. 重庆轨道交通二号线自动售检票系统终端设备中的自动售票机、半自动售票机、闸机交易记录均是在 Trade.dat 文件中记录的。（　　）
6. 中央计算机系统与车站计算机系统通过轨道交通自动售检票系统专用通信传输网连接。（　　）
7. 如果轨道交通二号线的某台半自动售票机的系统时间年月被修改，那么需人工进行修复。（　　）

8. 重庆轨道交通二号线自动售检票系统终端设备半自动售票机，在同一车站同时存在硬件和程序、配置文件参数均完全相同且无故障的两台半自动售票机，在都开机运行的情况下都能使用售票。（ ）

9. 轨道交通二号线半自动售票机售票程序在无 SAM 卡的情况下不能自检连接成功。（ ）

10. 车站用户登录半自动售票机进行售票等交易，所产生交易时间与域名服务器时间同步。（ ）

08

单元八　自动检票机

我国最早应用闸机是 20 世纪 80 年代期间，用于地铁项目中。闸机作为"自动售检票系统"中"自动检票机"的主要设备，也是目前人们对闸机最早和最广泛的理解。20 世纪 90 年代后期，闸机才渐渐出现在普通民用和商用场合，包括写字楼、商场超市、景区乃至高端小区等。

需要指出的是，闸机和检票机不是完全相同的概念。检票机包括自动检票机和便携式检票机，自动检票机是闸机结合票务系统的一种具体应用。闸机的范围更广，只要是用于管理人流出入且能满足一次只通行一人的设备都可以视为广义的闸机。

【学习导入】

在地铁、机场、车站、图书馆、写字楼、影剧院、工厂企业、会展中心、体育场馆、旅游景点、办公场所等人流比较集中的社会公共场合，为了避免人流拥挤、规范通过者的行为、判定所持票卡的真伪，需要使用门禁、考勤、电子门票等管理系统来进行规范管理，这就是自动检票机。

自动检票机（Automatic Gate Ma Chine，AGM）放置在自动售检票系统的付费区与非付费区分界处，起分隔付费区和非付费区的作用，自动检票机具有以下基本功能：乘客自助检票，判断乘客所持车票的真伪，计算乘客乘车费用并扣费；监控乘客通行，给乘客提供指导，对不规范的乘客通行行为报警提示。同时将检票产生的数据上传至车站，并接受 SC 的控制。

【学习目标】

1. 了解闸机的结构和功能，有质量意识，保证设备的高可靠性。
2. 掌握闸机的使用及简单故障处理方法，遇到故障不慌乱，能及时、准确处理故障，养成耐心、细心、严谨的工作习惯。
3. 掌握自动检票机的操作流程并能熟练操作设备。
4. 有应急处理意识，当断电或接到紧急放行信号时，必须及时打开检票通道。
5. 坚持为人民服务，熟悉乘客操作习惯，并会设置醒目标志；针对不同需求的群体设置宽通道、无障碍通道。
6. 培养安全意识，不带电操作设备，不有意或无意泄露密码。

课题一 闸 机

闸机作为一种通道管理设备,最本质的功能是通过拦阻和放行实现一次只通过一人,其应用对象是行人(包括携带的行李和自行车等),应用场合是出入口,但作为智能化通道管理系统的一部分,闸机可以与其他系统配合用于不同的特殊场合,从而发挥更大的作用。目前,闸机配套的系统最常见的是门禁系统和票务系统,支持NFC、二维码、人脸识别、身份证等多种支付形式。

门禁系统中,最早的拦阻方式是电控门,但电控门无法有效实现一次只通过一人,并且由于结构和形态的限制,使用场合比较有限;改用闸机可以解决这些问题,尤其在建筑物或者封闭地理区域的出入口,非常适合用闸机作为门禁系统的拦阻机构,如智能楼宇、政府机关、企业园区、小区、厂区、监狱等。

票务系统的检票部分与闸机的关系更是密不可分,只要是非人工的自动检票机,就离不开闸机。其中最典型的两个应用类型是轨道交通和电子门票。轨道交通包括地铁、高铁等,已经不再将闸机看作一个独立的产品,而是划归为自动检票机的一部分;电子门票主要指各种付费参观娱乐的场合所用的入口自动检票,包括景区、游乐场、体育馆、滑雪场、娱乐场馆等。

一、闸机分类

闸机根据拦阻机构和形态的不同,可分为几种类型,各自的优缺点见表8-1。

表8-1 几种不同类型闸机的优缺点

闸机类型	描述	优点	缺点	应用场合
摆闸（拍打门）	其拦阻体（闸摆）的形态是具有一定面积的平面，垂直于地面，通过旋转摆动实现拦阻和放行	1）通道宽度范围是所有闸机中最大的，一般在550~1000mm之间，某些高端产品可以做到1500mm,适用于携带行李包裹的行人或自行车通行，也可以用作行动不便者的专用通道 2）相对于三辊闸，桥式摆闸增加了行人通行检测模块，可以有效检测通行目标，防尾随能力较强 3）外观形态的可塑性是所有闸机中最强的，拦阻体的材料种类丰富，箱体的形态也多样化，易于设计出非常美观的造型，因此常用于写字楼、智能楼宇等高端场合 4）闸摆运转过程中没有机械碰撞，噪声比较小	1）成本较高，尤其针对一些特殊定制机型，如增大通道宽度，采用特殊材料的闸摆等 2）部分机型防水、防尘能力不足，只适用于室内，环境适应能力没有三辊闸强 3）受拦阻体形态的限制，摆闸耐冲撞性比三辊闸低，行人非法快速通行易损坏闸摆和机芯 4）如果厂商设计不好会大大降低产品可靠性，降低避免人身伤害的防夹、防撞能力	1）对通道宽要求比较大的场合，包括携带行李包裹的行人或自行车较多的场合 2）行动不便者专用通道 3）对美观度要求较高场合

(续)

闸机类型	描述	优点	缺点	应用场合
翼闸（剪式门）	其拦阻体一般是扇形平面，垂直于地面，通过伸缩实现拦阻和放行	1）通行速度是所有闸机中最快的 2）通道宽介于三辊闸和摆闸之间，一般在550~900mm之间 3）外观形态比较美观，闸翼的材料比较丰富 4）紧急情况下闸翼会快速缩回箱体中，可以很方便地形成无障碍通道，提高通行速度，易于行人疏散	1）控制方式复杂，成本高 2）防水防尘能力弱 3）外观形态单一，可塑性不强 4）受拦阻体形态限制，翼闸耐冲撞性比三辊闸低，行人非法冲关易损坏闸翼和机芯 5）对厂商的技术要求比较高，如果设计不好会大大降低产品可靠性，以及避免人身伤害的防夹能力	适用于人流量较大的室内场合，如地铁、火车站检票处。也适用于对美观度要求较高的场合
转闸（旋转闸）	根据拦阻体高度不同，分为全高转闸和半高转闸，全高转闸应用比较多	1）全高转闸安保性最高，可以实现无人值守 2）能够非常有效地实现单次单人通行，安全性和可靠性较高 3）防水、防尘能力较强，对环境的适应性很强，适用于室外和室内	1）通道宽在500mm左右 2）通行速度相对较慢 3）受拦阻体形态的限制，不适于携带行李者通行 4）外观形态的可塑性不强，大部分款式美观性不足	1）全高转闸适用于无人值守和安保要求非常高的场合，以及一些环境比较恶劣的户外场合 2）半高转闸适用于对通行秩序要求较高的场合，如体育馆、监狱等
平移闸（平移门、全高翼闸）	拦阻体（闸翼）的面积较大，拦阻高度较大，垂直于地面，通过伸缩实现拦阻和放行	1）安保性较强，由于拦阻体面积较大，可以有效防止行人上爬下钻非法通行 2）外观形态非常美观 3）通行速度较快，与翼闸类似 4）通道宽介于三辊闸和摆闸之间，一般在550~900mm之间 5）紧急情况下闸翼会快速缩回箱体中，可以很方便地形成无障碍通道，提高通行速度，易于行人疏散	1）控制方式复杂，成本高 2）防水、防尘能力不足，一般只适用于室内，如果用在室外必需加雨篷 3）外观形态比较单一，可塑性不强 4）对厂商的技术要求比较高，如果设计不好会大大降低产品可靠性，以及降低避免人身伤害的防夹能力	适用于对安保性和美观性要求较高的室内场合
三辊闸（三棍闸）	拦阻体由3根金属杆组成空间三角形，一般采用中空封闭的不锈钢管，坚固不易变形，通过旋转实现拦阻和放行	1）能够非常有效地实现单人通行，即一次只能通过一人，安全性和可靠性都比较高 2）成本较低 3）防水、防尘能力较强，对环境的适应性很强，适用于室外和室内	1）通道宽比较小，一般在500mm左右 2）通行速度较慢 3）受拦阻体形态的限制，不适于携带行李者通行 4）外观可塑性不强，大部分款式美观性不足 5）机械式和半自动式三辊闸的闸杆运转过程中会有机械碰撞，噪声较大，全自动三辊闸没有这个问题	适用于普通行人和人流量不是很大或者行人使用时不太爱护的场合，以及一些环境比较恶劣的户外场合

二、闸机组成

闸机的基本组成部分包括箱体、拦阻体、机芯、控制模块和辅助模块。

1. 箱体

箱体用于保护机芯、控制模块等内部部件，并起到支撑作用。

箱体的主体材质通常采用 304 或 316 的不锈钢，辅助材质包括有机玻璃、钢化玻璃、树脂、石材或木材等。选材一般需考虑坚固、美观、不易变形、防刮防划痕、防锈防腐蚀、较易加工固定。

2. 拦阻体

在不允许行人通过的时候起拦阻作用，允许行人通过时会打开放行，一般以门或拦杆的形式实现。

选材一般需考虑坚固，能承受一定的冲击力，自身的冲击力对人不能有伤害，质量尽量小，美观，防锈防腐蚀，易于加工固定，损坏后不伤人。

3. 机芯

由各种机械部件组成一个整体（包括驱动电动机、减速机等），利用机械原理控制拦阻体的开启和关闭动作。

影响机芯性能和使用寿命的关键因素包括机械部件的加工工艺和材质，以及最重要的驱动电动机和相配套的减速机。

驱动电动机通常采用直流有刷电动机或直流无刷电动机。直流有刷电动机成本较低，控制技术比较简单，因此被国内闸机厂商广泛采用，但其中的电刷属于易损耗件，需要定期维护和更换。直流无刷电动机无电刷，不存在此损耗，使用寿命也较长。如果希望提高机芯的性能和使用寿命，那么采用性能更好、使用寿命更长的直流无刷电动机是不错的选择，尤其是欧洲一线品牌的直流无刷电动机，其可靠性和耐久性都是普通电动机所无法达到的，但成本很高，控制技术也很复杂。

4. 控制模块

利用微处理器技术实现各种电气部件和驱动电动机的控制。微处理器一般采用单片机，但如果控制系统比较复杂，或是需要与很多其他系统（包括票务系统、门禁系统等）集成时，并且对响应时间要求很高的情况下，需要采用性能更高的 ARM 处理器甚至 Cortex 处理器。

简单控制电路一般由主控板、电动机控制板及辅助控制板即可实现，复杂控制电路（如地铁检票机）则需要配置专门的工控机来实现。

5. 辅助模块

辅助模块包括 LED 指示模块、计数模块、行人检测模块、报警模块、权限输入模块、语音提示模块等。

（1）LED 指示模块　LED 指示模块一般由 LED 点阵或 LED 显示屏组成，用于指示闸机的通行状态和方向，有的还包含文字或图案等提示信息和欢迎信息等。

（2）计数模块　计数模块用于记录通行人数，可通过 LED 数码管或显示屏显示出来，可以清零和设置计数上限。

（3）行人检测模块　行人检测模块用于识别行人的通行状态，判断行人是否合法通行，并且可以判断行人是否处于拦阻体运动范围内，以保护行人的人身安全。检测模块的性能非常关键，影响闸机的有效性和安全性，主要由硬件（传感器）和软件（识别算法）这两个因素决定。传感器一般采用红外光电开关（比较常见）或红外光幕，红外光电开关又分为成对使用的对射式（比较常见）和单个使用的反射式；高端闸机会采用 10 对以上进口红外光电开关，特殊场合会采用高性能红外光幕或其他特殊的传感器。另外识别算法也很重要，不同行人的身高、步距、速度各不相同，携带行李的尺寸和位置也多种多样，还要考虑多人连续通过的前后间距（防尾随），有些场合还要考虑骑自行车通行的情况，高端闸机厂商一般会根据大量的实验数据建立相应的数学模型，自行开发识别算法，可以有效识别行人、行李和自行车等常见的通行目标，并且防尾随距离可以达到 20mm 以内，该指标同时取决于传感器识别精度和算法，普通闸机防尾随距离只能达到 100mm。

（4）报警模块　闸机在各种非正常使用状况下会触发报警，用于提示或警告行人、管理者和维修者，这些状况包括非法通行、闸机异常、上电自检等，报警方式包括蜂鸣（比较常见）、灯光、语音等（可以综合使用）。

（5）权限输入模块　行人在通行之前需要让闸机"知道"自己是否具备合法通行的权限，即"输入"权限让闸机判断是否可以放行。输入方式有很多种，如非接触式 IC 卡刷卡方式、生物识别、输入密码、投币等，简单的有直接按钮通行。该模块一般与门禁系统或票务系统相结合，在自由通行的场合则无须此模块。

（6）语音提示模块　这里的语音提示与前面的报警模块中的语音报警不同，主要用于辅助提示行人相关的信息，如提示通行门票的类型、欢迎信息等。该模块不太常用，需要用户向厂商定制。

三、闸机外观结构

目前轨道交通系统中应用较多的为翼闸和拍打式闸机，本文以翼闸为例说明其外观结构，翼闸外观结构如图 8-1 所示。

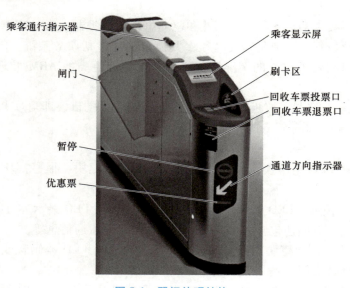

图 8-1　翼闸外观结构

四、闸机功能

闸机安装在付费区与非付费区的分界处，用于分隔付费区和非付费区并完成以下功能：

1）乘客自助检票，判断乘客所持票卡的真伪。
2）监控乘客通行，给乘客提供指导，对不规范的乘客通行行为报警提示。

闸机是联网的，可接受车站计算机和中心计算机的控制，并实时上传工作状态和交易数据。

 课题二　常规业务操作

一、开机操作

闸机开机操作流程如图 8-2 所示。

正常启动闸机过程中，会显示如图 8-3 所示的界面。如果闸机暂停服务，则会显示如图 8-4 所示的界面。

闸机常规业务操作

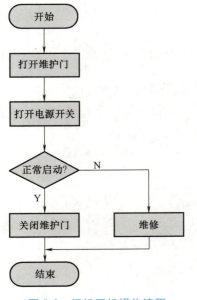

图 8-2　闸机开机操作流程

图 8-3　开机界面

二、进站操作

轨道交通运行过程中，乘客通过闸机进入轨道交通运行场所乘坐轨道交通工具。进站操作流程如图 8-5 所示。

车票在闸机检验过程中，会出现图 8-6 所示的各种显示情况。

图 8-4　暂停服务界面

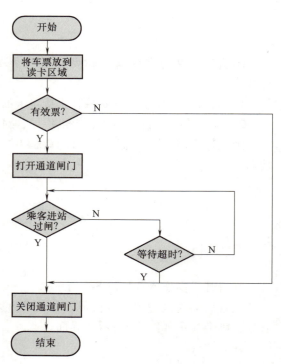

图 8-5　进站操作流程

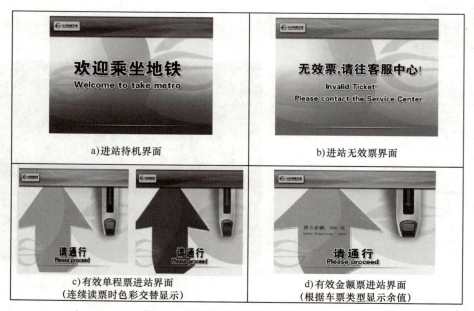

图 8-6　闸机检验过程中的显示情况

三、出站操作流程

乘客乘坐轨道交通工具后,根据所使用的车票不同,其出站操作流程也略有区别,如图 8-7所示。

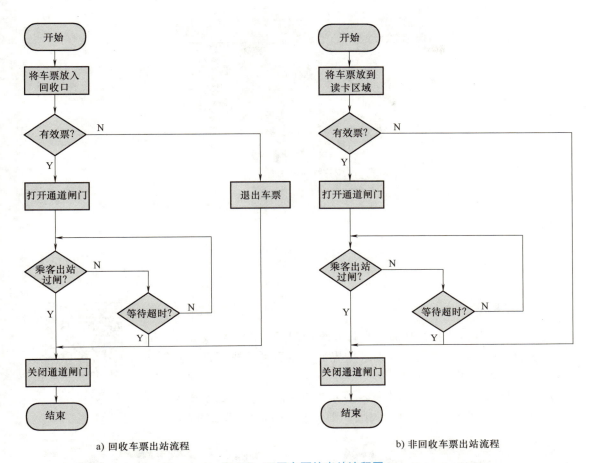

a) 回收车票出站流程　　　　　　　　　　b) 非回收车票出站流程

图 8-7　不同车票的出站流程图

乘客在通过闸机出站时，闸机显示如图 8-8 所示的各种界面。

a) 出站待机界面　　　　　　　　　　　　b) 出站无效票界面

图 8-8　乘客出站闸机显示状态界面

使用单程票的乘客出站时看到的有效票界面与进站时一样，当连续读票时，绿色、蓝色交替显示；如果使用的为非单程票，则会显示扣款和票卡余额（图 8-9），如果是非金额类车票，仅提示余值。

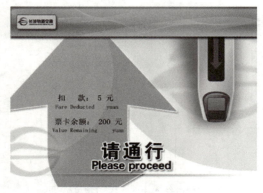

图 8-9　非单程票出站显示图

 课题三　维护业务操作

一、登录操作

进行日常操作或维护操作时，在打开维护门后会出现登录界面，通过输入正确的用户名、密码进入到维护界面，然后可以执行日常操作和维护操作。操作步骤如下：

闸机维护业务操作（登录操作）

1）先打开后维护门，此时乘客显示屏显示"请输入用户名和密码！"，如图 8-10 所示；如果登录失败，则会出现图 8-11 所示的界面。

图 8-10　登录界面

图 8-11　登录失败

一般情况下，可尝试 3 次登录过程，如果 3 次尝试仍不成功，则会显示图 8-12 所示的界面；如果操作不迅速，耽搁时间，则会显示图 8-13 所示的界面。

图 8-12　登录 3 次失败界面

图 8-13　登录超时界面

2）登录成功后，会打开图 8-14 所示的主菜单界面。

图 8-14　主菜单界面

1）如果用户名或密码输入错误，设备维护登录界面会显示"用户名或密码错误，请重新输入"。

2）如果密码 3 次输入错误，设备会警示"非法入侵"且报警（长鸣），并上报车站系统。

3）如果登录时间超过所设定的"登录超时时间"，则系统会弹出登录超时界面，并报警。

二、票箱操作

当需要更换票箱时，以空的票箱更换设备内的当前票箱。票箱操作流程如下：

1）登录后，进入图 8-15 所示的界面。

2）根据登录成功界面提示的快捷键，在维护键盘上按〈1〉键，进入图 8-16 所示的票箱操作界面。

闸机维护业务操作（票箱操作）

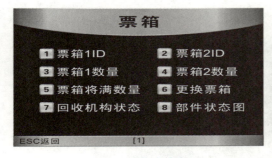

图 8-15　登录成功界面

图 8-16　票箱操作界面

3）根据登录成功界面提示的快捷键，在维护键盘上按〈3〉键，进入图 8-17 所示的票箱 1 数量界面，查看票箱内票的数量。

4）如需更换票箱，在登录成功界面，选择 6 进入图 8-18 所示的更换票箱界面。

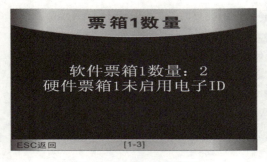

图 8-17　票箱 1 数量界面　　　　　　图 8-18　更换票箱界面

5）按维护维修单元键盘上的〈F1〉键及〈F2〉键分别松开票箱 1 及票箱 2 的电磁铁。
6）取出原有票箱并放入空票箱，并使新更换的空票箱到位。
7）按〈F3〉功能键锁定票箱。
8）按下〈Enter〉键，确认票箱计数清零。
9）关上维护门，离开通道，并确认闸机正常工作。

三、查询票箱操作

当需要知道两个票箱有多少单程票时，便可以查询。首先进入主菜单界面，在维护键盘上按〈1〉键便可以进入票箱操作界面。然后按数字〈3〉键和〈4〉键便可以得到单程票的数量。

课题四　维　修　业　务

一、部件测试操作

部件测试是指对闸机部件功能进行测试。
1）登录。
2）进入主菜单界面，在维护键盘上按〈2〉键便可以进入图 8-19 所示的部件测试界面。

闸机维修业务
操作（部件测试）

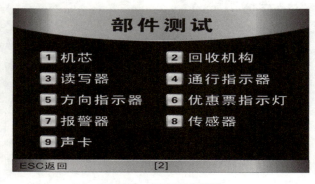

图 8-19　部件测试界面

3)在部件测试界面按对应数字键可以分别进入测试标记部件功能的子界面,其中按〈7〉键、〈8〉键、〈9〉键直接发送命令测试部件。其他各部件测试子界面如图 8-20 所示,在相应界面按对应数字键测试标记的部件功能。

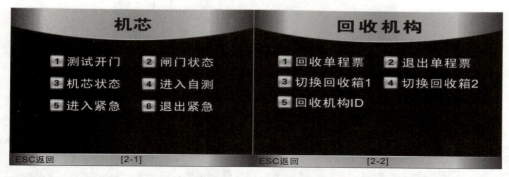

图 8-20　部件测试子界面

二、部件自诊断操作

部件自诊断操作是指对闸机部件进行自诊断操作。

1)登录。

2)进入主菜单界面,在维护键盘上按〈3〉键便可以进入图 8-21 所示的部件自诊断界面。

3)在部件自诊断界面按对应数字键可以分别进入图 8-22 ~ 图 8-29 所示的各部件自诊断的子界面。

闸机维修业务操作(部件自诊断)

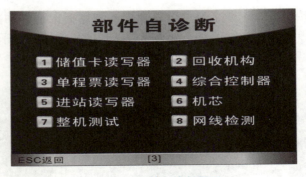

图 8-21　部件自诊断界面

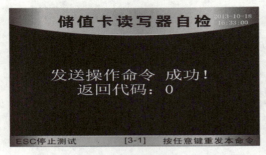

图 8-22　储值卡读写器自检界面

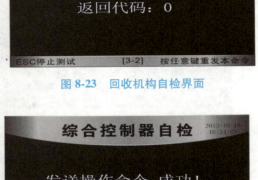

图 8-23　回收机构自检界面

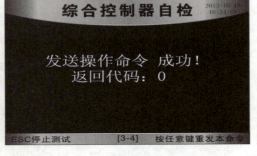

图 8-24　单程票读写器自检界面

图 8-25　综合控制器自检界面

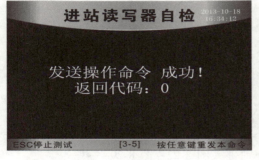

图 8-26　进站读写器自检界面

图 8-27　机芯自检界面

单元八 自动检票机 | 173

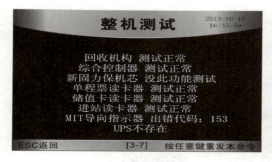
图 8-28 整机测试界面

图 8-29 网线检测界面

三、查询、设置闸机参数操作

可以根据需要完成查询及设置闸机的工作控制参数等操作。

1）登录。

2）进入主菜单界面，在维护键盘上按〈4〉键便可以进入图 8-30 所示的查询、设置闸机参数界面。

查询、设置闸机参数

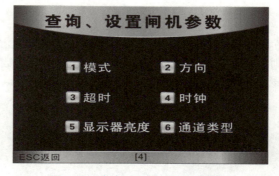
图 8-30 查询、设置闸机参数界面

3）进入查询、设置闸机参数界面后，按对应数字键可以查询标记的参数的当前设置，若需要重新设置该参数则在查询显示界面按〈Enter〉键进入相应参数的设置界面，如图 8-31 所示。然后按对应的功能键或输入参数设置，回车确认，完成参数设置。

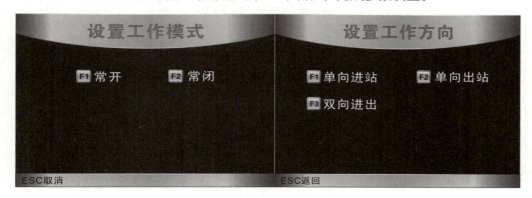
图 8-31 设置闸机参数界面

四、查询、设置设备参数操作

可以查询并根据需要本地设置闸机的设备参数。

1）登录。

2）进入主菜单界面，在维护键盘上按〈6〉键便可以进入图 8-32 所示的查询、设置设备参数界面。

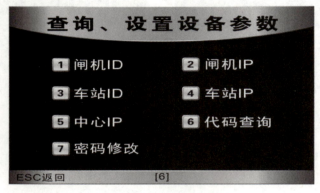

图 8-32　查询、设置设备参数界面

3）进入查询、设置设备参数界面后，按对应数字键可以查询标记的参数的当前设置，若需要重新设置该参数，则在查询显示界面按〈Enter〉键进入相应参数的设置界面，如图 8-33 所示。然后输入对应的参数设置，回车确认，完成设备参数的设置。

图 8-33　设置设备参数界面

五、查询、设置运营参数操作

可以查询设备运营参数信息、驱动库版本、底层程序版本、维护程序版本及主程序版本信息。

1）登录。

2）进入主菜单界面,在维护键盘上按〈5〉键可以进入如图 8-34 所示的查询运营版本界面。

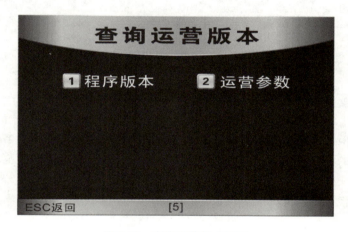

图 8-34　查询运营版本界面

3）进入查询运营版本界面后,按〈1〉键、〈2〉键可以直接查询对应参数的当前版本号。当按〈1〉键时,进入查询程序版本界面,如图 8-35 所示。

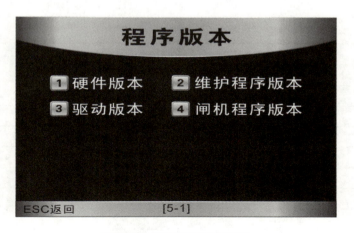

图 8-35　查询程序版本界面

4）在查询程序版本界面按〈1〉键、〈3〉键分别进入查询硬件版本界面和查询驱动版本界面,如图 8-36 所示。然后按对应数字键查询标记的软件的当前版本号。

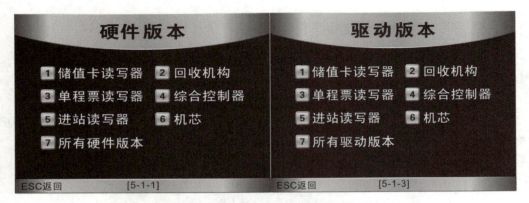

图 8-36 查询硬件版本、驱动版本界面

【任务实践】

1）熟悉自动检票机的操作界面、结构和基本组成；说出主要部件的名称和功能。
2）熟悉检票的流程，能根据流程完成基本操作，并符合安全操作规范。
3）熟练使用便携式自动检票机完成检票的基本操作。
4）熟悉自动检票机常见的故障现象，能根据声音和提示信息判断基本故障。

【课外拓展】

专用术语及缩写见表 8-2。

仔细查看半自动售票机的故障现象，并说明在实际操作过程中遇见故障时的处理方法。识别一些常见的"注意事项标识符号"，避免安全问题的发生。常见的注意事项标识符号见表 8-3。

表 8-2 专用术语及缩写

序号	缩写	英文说明	中文说明
1	ACC	AFC Clearing Center	AFC 清算管理中心
2	AFC	Automatic Fare Collection	自动售检票
3	AGM	Automatic Gate Machine	自动检票机
4	DB	Database	数据库
5	DBA	Database Administrator	数据库管理员
6	EnG	Entry Gate	进站自动检票机
7	ExG	Exit Gate	出站自动检票机
8	Fail-Over	Fail-Over	容错
9	SC	Station Computer	车站计算机
10	USB	Universal Serial Bus	通用串行总线
11	VLAN	Virtual Local Area Network	虚拟局域网
12	VRRP	Virtual Router Redundancy Protocol（IETF）	虚拟路由器冗余协议

表 8-3　注意事项标识符号

符号	含义
⚠注意	表示如果使用方法不正确，有可能造成伤害或损害
❗	表示为安全使用而要求使用者必须进行的操作。如果不进行该操作，有可能造成伤害或损害
🚫	表示为安全使用而不得进行的操作。如果这样操作，有可能造成伤害或损害
要求	表示操作中应当注意或限制的事项，以及为避免损伤主机或引起事故而要求遵守的事项。为防止错误操作，请务必仔细阅读
⚠(夹手)	表示与其接触或放置其上会发生危险的情况。为防止手或手指被夹，请务必遵守
⚠(高压)	表示存在高压，用手触摸会发生危险的情况。请注意避免用手触摸

【思考练习】

一、单项选择题

1. 自动检票机（AG）扇门由（　　）直流电动机驱动。
   A. 5V　　　　　B. 12V　　　　　C. 24V　　　　　D. 48V
2. 自动检票机（AG）组成不包括（　　）模块。
   A. 加热模块　　B. 发行单元　　C. 读写器　　　D. 扇门单元
3. 自动检票机（AG）内数据最多可保存（　　）。
   A. 7 天　　　　B. 14 天　　　　C. 30 天　　　　D. 90 天
4. 便携式检票机（PCA）不具备以下哪种功能（　　）。
   A. 扣款　　　　B. 查询　　　　C. 充值　　　　D. 退款

二、填空题

1. 闸机的关机方式：一种是通过_____的监控端远程遥控关机；第二种是通过维护面板上的_____菜单来关机；第三种是强制关机。
2. 自动检票机分为_____检票机、出站检票机、_____检票机和_____四种。
3. 闸机开关电源的输入电源由_____提供。
4. 一通道刷卡时乘客应使用所站方向_____边的读卡器，乘客所站方向_____边的方向指示器所显示的图案表示该通道所处状态。
5. 闸机的维护控制器主控板采用的直流电源转换芯片（DC—DC 芯片）LM2576T5.0，其输入电压范围是_____，输出电压为_____。
6. 在设备监控终端上_____表示设备状态正常，_____表示网络不通，_____表示故障。
7. 乘客持单程票刷卡进站时，进站闸机会给合法单程票写入_____

和_____。

8. 自动售检票系统紧急按钮_____测试一次，主要测试在按下紧急按钮后闸机三杆的_____情况。

9. 闸机接地电阻和机壳对地绝缘电阻要求_____测试一次，每年_____来临前必须测试。

10. 根据闸机交流输入电源对地绝缘电阻值技术标准，相线对地_____，零线对地_____。

11. 出站闸机回收机构中_____电磁铁是双稳态电磁铁。

三、判断题

1. 出站闸机回收票箱满 800 张切换票箱。（　　）
2. 网络故障时闸机能保存 10 万条数据。（　　）
3. 在自动售检票系统监控界面上，绿色的闸机图标表示该设备处于故障模式。（　　）
4. 闸机通道左侧方向指示器显示绿色表示该通道可以正常使用。（　　）
5. 闸机在网络中断的情况下可以继续交易，并且保存交易数据，待网络恢复的时候自动上传。（　　）
6. 测试闸机交流输入电源对地绝缘电阻，相线对地测试值为 8MΩ，符合标准。（　　）
7. 三杆机芯失电时自动掉杆，通电时也自动复位。（　　）
8. 闸机的操作系统存放于 DOM 中。（　　）
9. 自动售检票系统中，出站闸机刷卡成功后三杆不能转动有可能是读写器故障。（　　）
10. 自动售检票系统中紧急按钮的作用是进/出站闸机断电掉杆。（　　）

四、简答题

1. 简述自动检票机电源指示灯亮，按一键开关无法开机，分析可能发生此故障的原因及如何解决。
2. 简述自动检票机进出站无阻挡的原因及解决方法。
3. 科技是第一生产力，可以提高工作效率，改善生活，试举例说明"互联网+"时代，自动检票机检票有哪些变化？

附 录

附录 A　城市轨道交通安全检查操作规范

第一条　为规范本市轨道交通安全检查工作，维护轨道交通运营安全和乘客人身、财产安全，根据《北京市城市轨道交通安全运营管理办法》的规定，结合本市轨道交通安全检查工作实际，制定本规范。

第二条　凡在本市行政区域内从事轨道交通安全检查工作的，均须遵守本规范。本规范所称安全检查（以下简称安检），是指对进入轨道交通车站人员所携带物品进行的专业性检查。本规范所称轨道交通是指地铁、轻轨等城市轨道公共客运系统。

第三条　公安机关负责本市轨道交通安检工作的指导、检查、监督和警力保障，依法处理安检中发现的违法犯罪行为；交通行政管理部门从轨道交通安全运营行业监管角度，对轨道交通安检工作予以协调配合。

第一章　安检原则

第四条　轨道交通安检工作，应当坚持安全第一、预防为主、依法实施、按章操作的方针。

第五条　运营企业应当对进入轨道交通车站人员所携带的物品进行必要的安全检查。公安机关对有违法犯罪嫌疑的人员依法进行盘问、检查，依法处理拒不接受安检强行进入轨道交通车站或者扰乱安检现场秩序等行为。

第六条　轨道交通安检开始和结束时间与运营时间同步。

第二章　安检实施

第七条　轨道交通运营企业（以下简称运营企业）负责组织实施车站安检工作，为安检工作提供保障，并应当遵守下列规定：

（一）确定安检工作责任部门和负责人，配备专职管理人员；建立安检指挥和保障体系，实行统一指挥、分级负责。

（二）制订安检工作方案和安检突发事件处置预案并向公安机关、交通行政管理部门备案，组织安检人员定期开展演练。

（三）配置经国家专业检测机构检测合格、符合行业标准的安检设备并确保设备正常运行。

（四）在车站设置安检工作站（点）、划定安检区和通道、配置明显标志、对安检区域实行封闭管理。

（五）对安检人员进行轨道交通运营安全基础知识、公共安全防范知识、安检工作操作规范等相关培训考核，不得安排未经培训合格的人员从事安检工作。

（六）不得安排安检人员在岗期间从事与安检无关的工作。

（七）利用车站显著位置对安检工作进行宣传，并将禁带物品和限带物品的目录予以公示。

第八条　轨道交通安检工作的具体实施可以由运营企业自行实施，也可以由运营企业委托安检服务企业负责实施。受运营企业委托负责实施轨道交通安检工作的安检服务企业，应当具有合法的资质。双方应当签订安检服务合同，确定各自的权利义务，安检服务企业应当落实以下要求：

（一）明确安检现场负责人。

（二）向运营企业提供合格的安检人员。

（三）服从运营企业对安检工作的管理要求。

（四）组织安检人员接受运营企业的轨道交通安全基础知识等方面的培训考核。

（五）合理安排安检人员在职培训和在岗工作时间。确保安检人员每年参加在职专业培训不少于30学时，每年在岗工作时间不少于100h。

（六）健全安检人员管理制度，配备专职管理人员；严格管理安检人员档案和证件，随时备查。

（七）为安检人员提供符合国家相关规定的薪酬、福利、保险和食宿、工装等保障。

第三章　安检工作站（点）设置及设备、人员配备

第九条　运营企业应当在公安机关的指导下设置或者调整安检工作站（点）的位置；安检工作站（点）应当设立在轨道交通车站的非付费区域；因车站建筑结构、客流疏导需要等特殊原因，设立在付费区域的安检工作站（点），应当确保不阻碍人流通行和疏散等必要的安全需求。

第十条　轨道交通安检工作站（点）应当配置满足本站（点）安检工作需求的，符合国家标准的通道式安检机、液态危险品检查仪、爆炸品检查仪、金属探测设备、防爆毯、违禁物品和危险物品存储设备以及必要的导向标识、警戒带、其他安检专用设备及设备专用电源。

第十一条　轨道交通安检按照作业单元标准进行组织。安检作业单元人员标准配置为：每1台通道式安检机配备4~5名安检人员。其中，指挥员1人、值机员1人、手检员1人、引导员1人、安全员1人。运营企业可以根据乘客流量和安检设备通过能力等情况，对各安检工作站（点）安检人员配置进行适当调配，但每个安检工作站（点）的人员配置最低不得少于2人。其中，指挥员1人，值机员1人。

第十二条　安检人员岗位职责分工和工作要求：

（一）引导员位于安检通道前1m左右处，负责宣传、引导、提示乘客接受安检；协助受检人将被检物品放置在传送带上，同时观察受检人的神态、动作，遇有可疑情况，示意值机员实施重点检查。

（二）值机员负责辨别通道式安检机监视器上受检行李图像中的物品形状、种类，将需要开箱（包）检查的行李及重点检查部位通知手检员。值机员连续操机工作时间不得超过40min，每工作日值机时间累计不超过6h。

（三）手检员位于通道式安检机后，对经通道式安检机发现的可疑物品使用爆炸品检查仪、液态危险品检查仪、金属探测等设备进一步检查，并随时观察受检人的神态、动作，保持警惕。

（四）安全员负责维护安检区秩序，在直视范围内与受检人保持适当距离，控制安检中发现的可疑物品，观察并掌握可疑人员动向，遇有突发事件应迅速采取措施进行先期处置并报告指挥员。

（五）指挥员负责安检人员站位，协调安检相关工作，并协助引导乘客接受安检。定时向安检指挥机构报告情况，遇有紧急情况立即报告。运营企业对安检人员配置进行调配时，应当按照调配后的人员配置情况，对各岗位分工进行再划定，明确调配后安检人员的具体职责，做到人员减少后原岗位职责无疏漏，确保安检工作顺利进行。

第四章 安检现场

第十三条 工作流程

（一）班前准备

1）在安检区内设置隔离线和人员疏导通道。

2）做好通道式安检机等安检设备的调试。

3）检查安检人员到岗、着装情况，部署安检任务，提出工作要求。

（二）交接班

1）交接班应当书面交接填写《安检交接班记录》。

2）交接班内容包括：上级指示、问题及处理结果、设备情况、遗留问题、需注意事项等。交班人员在接班人员完成岗位接替后方可离岗。

（三）结束作业

1）关闭设备。

2）对设备进行清点后安全存放。

3）做好当日安检工作数据统计和物品处理工作。

第十四条 安检工作程序

（一）要求进入轨道交通车站的人员将本人携带物品放置在通道式安检机上通过检查。经通道式安检机及其他安检设备检查时，存在疑点的物品，现场安检人员认为需进一步检查的，应当报告公安机关进行复检。

（二）遇有下列情况之一者，必须在执勤民警指导和监督下进行复检：

1）用通道式安检机检查时，图像模糊不清，无法判断物品性质的。

2）用通道式安检机检查时，发现有疑似利器、爆炸物、枪或弹状物等危险物品的。

复检对包的底部、角部和内外侧小兜等部位，应当要求受检人自行打开或取出物品接受检查，并注意发现有无夹层。开箱（包）检查后应重新通过通道式安检机检查。遇有受检人携带的特殊物品，不便或无法用通道式安检机检查的，可用人工检查方法进行检查。对乘客声明不宜公开检查的物品，应当征得其同意后，单独实施检查。

（三）实施安检时，安检人员应统一着装，佩戴安检岗位标识，遵守《北京市城市轨道交通安全运营管理办法》第三十三条关于安检人员的相关规定。

第十五条 安检文明用语

（一）在引导乘客安检时，应当使用"引导词"。内容为："您好，请您接受安全检查。"

（二）对需开包检查的乘客，应当使用"告知词"。内容为："您好，您的箱包（挎包、箱子、行李等）需要进行开包检查，请您配合。"

（三）对于乘客携带的箱包经打开确认安全后，应当使用"感谢词"。内容为："检查完毕，谢谢合作，请您拿好随身物品，祝您乘车愉快。"

（四）遇有乘客不配合安检时，应当使用"劝检词"。内容为："您好，根据《北京市城市轨道交通安全运营管理办法》第三十四条的规定，请您接受、配合安检。"

（五）遇有乘客携带轨道交通限带物品时，应当使用"告知词"。内容为："您好，您携带的物品属于轨道交通运营企业公示的限带物品，您不能携带该物品乘坐轨道交通工具。请您主动丢弃该物品后乘坐轨道交通工具，或者携带该物品乘坐其他交通工具，谢谢您的配合。"

第五章　禁、限带物品的处理

第十六条　禁带物品是指国家现行法律法规明令禁止携带的物品。

禁、限带物品的种类，按照本市现有规定执行；轨道交通运营企业可以根据运营安全的实际需要，增补限带物品的种类。轨道交通运营企业应当在车站内显著位置公示禁、限带物品的目录。

（一）发现受检人携带禁带物品的，应当立即报告公安机关，并将该物品置于危险物品存储设备内，公安机关应当迅速依法处置。

（二）发现受检人携带限带物品的，应当告知受检人可以丢弃该物品后乘坐轨道交通工具或者直接改乘其他交通工具；受检人拒不接受上述两种处理方式的，安检人员有权拒绝其进站乘车；必要时，报告公安机关，由执勤民警将其带离车站。

轨道交通车站安检工作站（点）不得接受乘客限带物品的暂存和其他物品寄存。

第十七条　对安检过程中乘客丢弃的限带物品，应当由车站专人负责管理，并建立台账。记录收到的时间、地点、数量及品名。发现乘客遗留在安检现场的物品，应当由两名以上安检人员共同清点和登记，及时交由车站专人保管。

第六章　安检特别处置

第十八条　发现受检人携带枪支、爆炸物品，应当立即报告公安机关，并采取必要的先期处置措施；公安机关应当迅速依法处置。

第十九条　在轨道交通安检现场无理取闹、扰乱安检工作秩序、妨碍安检人员正常工作，不听劝阻的，应当及时报告公安机关。公安机关应当迅速恢复并维护正常的安检秩序，对扰乱安检秩序、影响公共安全的人员予以处理。

第二十条　对在接受安检过程中声称本人随身携带爆炸、危险物的，现场安检人员应当立即报告公安机关，并采取必要的先期处置措施；公安机关应当迅速依法处置。

第二十一条　安检设备发生故障，现场安检人员应当立即报告现场负责人，尽快恢复设备，同时及时组织开展人工检查。

第二十二条　安检工作站（点）发生人员拥堵时，现场安检人员应当立即报告现场负责人，迅速采取增开人工检查通道、设置蛇形通道等措施提高安检通过速度。运营企业应当立即采取限制客流等措施，与执勤民警共同维持安检现场秩序。

第七章　附则

第二十三条　具体实施安检工作的运营企业或者安检服务企业，应当建立健全安检服务质量监督机制，向社会公开接受投诉的渠道和方式等公共监督措施，明确受理、调查、处理、结果反馈等投诉处理程序。服务质量监督工作记录应当存档备查。

第二十四条　在本市省际长途客运系统内实施的安检工作，可以参照本规范执行。

第二十五条　本规范自下发之日起执行。

附录 B　自动售检票系统规定

附录 B.1　一般规定

1）跨座式单轨交通应设自动售检票系统。

2）自动售检票系统的设计能力应满足远期超高峰客流量的需要。自动售检票设备的初期配置容量及数量应按近期超高峰客流量计算确定，并应按远期超高峰客流量预留位置与安装条件。

3）自动售检票系统宜按封闭式多级计程计时票价方式设计。售票可采用自动和人工两种方式，检票应采用自动方式。

4）自动售检票系统设计应结合城市轨道交通线网规划考虑线路间付费区换乘及清分，系统设计应符合城市轨道交通自动售检票系统有关的国家现行标准，并应适应线网发展的要求。

5）城市轨道交通线网清分系统的原始数据宜采取异地容灾措施。

6）自动售检票系统的设计应以可靠性、安全性、开放性、可维护性和扩展性为原则并应考虑经济性。

7）自动售检系统应预留系统功能升级和外接设备数量扩展的软、硬件接口。系统升级和扩容不应影响已运营系统的正常使用。

8）自动售检票系统应具备多级别用户权限管理功能，防止非法操作。

9）自动售检票系统应能实现与车站建筑、通信、供电、FAS 等相关系统的接口。

10）自动售检票系统应能满足跨座式单轨交通各种运营模式和票务模式的要求。

11）自动售检票系统应具备抗电磁干扰的能力和适应车站环境条件。

12）自动售检票系统应选用操作方便、快速的设备，并应有清晰的提示提醒功能。车站售检票设备还应操作简单，使用安全。设备对人的不规范操作应有一定容错能力，不能因操作错误导致设备不能正常工作。

13）需乘客身体接触的售检票设备，其所有金属接触部分应充分考虑漏电保护及可靠接地措施，保证乘客安全使用。

14）自动售检票系统的设备应具有 24h 不间断工作的能力。

附录 B.2　自动售检票系统的构成

1）自动售检票系统应由城市轨道交通线网清分系统、线路中央计算机系统、车站计算机系统、车站售检票设备、各种车票和传输系统等组成，并宜与城市"一卡通"清算系统相连接。

2）城市轨道交通线网清分系统应设置在城市轨道交通运营清分中心，并应由通信服器、系统服务器、数据库服务器、编码分拣机、网络设备、各种功能的工作站、不间断电源（UPS）和高速打印机等构成。

3）线路中央计算机系统可设置于控制中心、车站或车辆基地，应由通信服务器、系统服务器、数据库服务器、编码分拣机、网络设备、各种功能的工作站、不间断电源和高速打印机等构成。

4）车站计算机系统应由车站计算机、网络设备、各种工作站、紧急按钮、不间断电源和打印机等组成。

5）车站自动售检票系统设备应由半自动售票机、自动售票机、自动充值机、自动（进出站）检票机、验票机等组成。

6）车票宜采用非接触式集成电路卡，主要有单程票和储值票两种基本类型。

附录 B.3　自动售检票系统的功能

1）城市轨道交通线网清分系统应具备以下主要功能：

① 接收城市"一卡通"清算系统下发的储值票、系统运行参数、交易结算数据、账务清分数据及黑名单等。

② 向城市"一卡通"清算系统上传"一卡通"储值票原始交易数据。

③ 接收线路中央计算机系统上传的车票原始交易数据。

④ 对系统参数进行统一设置、维护和管理。向线路中央计算机系统下发系统运行参数、运营模式、交易结算数据、账务清分数据、黑名单及票卡调配管理指令等。

⑤ 对系统密钥和各用户权限进行统一管理及密钥下载。

⑥ 对流通于城市轨道交通各线路的专用车票统一进行初始化、赋值、使用和库存管理，满足在城市轨道交通线网内"一票换乘"的要求，完成对各线路及不同运营商交易数据和收益的清分。

2）线路中央计算机系统应具备以下主要功能：

① 接收城市轨道交通线网清分系统下发的系统运行参数、运营模式、交易结算数据、账务清分数据、黑名单及票卡调配管理指令等。

② 向城市轨道交通线网清分系统上传单程票、储值票原始交易数据。

③ 接收车站计算机系统上传来的车站售检票设备的数据，包括设备状态数据、车票交易数据、设备维修数据等。

④ 向车站计算机系统和车站售检票设备下发系统运行参数、运营模式及黑名单等。

⑤ 对所采集数据按类型和用途进行分类处理，以满足系统监控、运营管理及运营部门决策分析的需要。

⑥ 对重要数据应具有自动备份和恢复功能。

⑦ 对车票进行跟踪管理，能提供车票交易历史数据、车票余额等信息的查询及黑名单管理功能。

⑧ 对不同人员的操作权限能进行设置和管理。

⑨ 具有集中设备维护和网络管理功能。

3）车站计算机系统应具备以下主要功能：

① 接收线路中央计算机系统下发的系统运行参数、运营模式及黑名单等，并下传给车

站售检票设备。

② 采集车站售检票设备原始交易数据和设备状态数据，并上传给线路中央计算机系统。

③ 对车站售检票设备的运行状况进行实时监控，并能显示设备的工作状态及故障状态等信息。

④ 完成车站各种票务管理工作，自动处理当天的所有数据和文件，并能生成定期的统计报表。

⑤ 当线路中央计算机系统发生故障或通信中断时能独立工作。

4）车站售检票设备应具备以下主要功能：

① 接收车站计算机系统下发的系统运行参数、运营模式及黑名单等。

② 向车站计算机系统上传原始交易数据和设备状态数据。

③ 具有正常运行、故障停用、测试、检修、停止服务以及紧急运行模式等。

④ 当与车站计算机间的数据传输通道中断时，能独立运行，并保存信息。中断恢复后，能自动将保存的信息发送到车站计算机。

⑤ 自动售票机应根据乘客所选到站地点或票价自动进行计费、收费、发售车票，并应预留城市轨道交通线网线路增加时的相关接口和扩展条件。

⑥ 半自动售票机应具有权限登录功能，可通过人工收费和操作设备出售车票，以及为乘客办理退票、补票、验票和更换车票等服务。

⑦ 进出站自动检票机应能检验车票的有效性控制阻挡装置动作，出站应扣除相应车费或回收指定类型车票；当车站处于紧急状态或设备失电时，自动检票机应能通过车站计算机、FAS、紧急按钮就地操作或自动控制，将其置于放行状态。

⑧ 自动充值机应能根据乘客所选定的充值金额自动进行收费，对储值票进行充值和查验。

⑨ 验票机应能检查车票的合法性、有效性，显示余值、乘次等信息；查询储值票最近历史交易记录，提供购票流程、票价表、运营时间、线路图等运营和票务信息。

5）车票应符合下列规定：

① 车票宜采用非接触式集成电路卡车票，卡的选型应符合城市轨道交通自动售检票联网收费卡技术标准或规范，并与城市"一卡通"卡技术标准相兼容。

② 宜根据城市轨道交通线网规划对单程票和储值票进行规划及卡选型。

附录 B.4　自动售检票系统与相关系统的接口

1）城市轨道交通线网清分系统应设有与城市"一卡通"清算系统的通信接口，其接口应符合城市"一卡通"清算系统相关技术标准或规定。

2）城市轨道交通线网清分系统宜通过城市轨道交通专用通信传输通道或电信网与线路中央计算机系统进行数据通信。

3）线路中央计算机系统应通过线路通信专用通道与车站计算机系统进行通信。

4）线路中央计算机系统应能接收通信提供的标准时间信号，实现本系统与其他系统的时间同步。

5）车站计算机系统应能接收防灾报警信号，控制车站售检票设备转入紧急运行模式。

6）城市轨道交通线网清分系统、线路中央计算机系统及各车站自动售检票系统的供电应采用一级负荷。

7）自动售检票系统设计时，应提供对车站和相关建筑预埋管线、箱、盒等的安装和敷设要求及设备和票务管理等用房要求。

8）车站售检票设备的外形、尺寸、重量及安装条件应符合车站总体要求，并应与车站协调一致。

9）系统接地宜采用综合接地方式，接地电阻值不应大于1Ω。

附录C 习题答案

单元一 城市轨道交通概述

一、填空题

1. 1969
2. 跨坐式
3. 独轨
4. 磁浮列车
5. 站厅换乘

二、单项选择题

序号	1	2	3	4	5
答案	B	D	D	A	A

三、多项选择题

序号	1	2	3	4	5	6	7
答案	ABCDE	ABCD	ABCD	ABCDE	ABCDE	ABCDE	ABCDE

四、判断题

序号	1	2	3	4	5	6	7	8	9	10	11	12	13	14
答案	×	×	×	√	×	×	×	√	×	√	√	×	√	×

五、简述题

1. 优点：具有运量大、速度快、安全、准时、舒适、节约城市土地资源等；缺点：建设费用比较高，建设周期长，见效慢。一旦发生火灾或其他自然灾害，乘客疏散比较困难，容易造成人员伤亡和财产损失。

2. 略。

3. 略。

4. 略。

5. 指采用轨道进行承重和导向的车辆运输系统，设置全封闭或部分封闭的专用轨道线路，具有车辆、线路、信号、车站、供电、控制中心和服务等设施，车辆以列车或单车形式，运送相当规模客流量的城市公共交通方式。

6. 主要有有轨电车、地铁、轻轨、单轨（独轨）、磁浮、自动导向交通系统和市域快速轨道系统等，尤其是以地铁和轻轨为主。

单元二　乘客信息系统

一、填空题

1. PIS
2. 乘客疏导信息
3. 多种文字、图片、视频
4. 紧急灾难
5. 降级模式
6. 单点故障模式

二、单项选择题

题号	1	2	3
答案	A	B	C

三、判断题

题号	1	2
答案	√	×

四、简述题（略）

单元三　城市轨道交通安全常识

一、单项选择题

题号	1	2	3	4	5	6	7	8	9	10	11	12	13
答案	C	A	D	D	C	A	B	B	B	D	B	D	A

二、多项选择题

题号	1	2	3	4	5
答案	ABCD	ABCDE	ABCDE	ABCDE	BD

三、判断题

题号	1	2	3	4	5	6	7	8	9	10
答案	√	√	×	√	√	√	×	√	√	√

单元四　自动售检票系统概述

一、填空题
1. 自动售检票系统
2. 自动售检票系统
3. 线路式架构；区域式架构；分级集中式架构

二、连线题

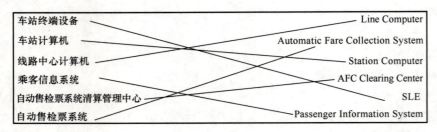

三、识图题
终端设备层、车票层、车站计算机系统层、线路中央计算机系统层

单元五　票卡媒介

一、单项选择题

序号	1	2	3	4	5
答案	D	D	D	C	C

二、判断题

序号	1	2	3	4	5
答案	×	√	√	√	×

三、填空题
1. 车票制式；票卡媒介
2. 普通储值票；优惠票；纪念票
3. 读写器；无线电波
4. "未入站"；回收；已售
5. 单程票

四、思考题（略）

单元六　自动售票机

一、单项选择题

序号	1	2	3	4	5	6	7
答案	B	C	A	D	A	C	B

二、填空题
1. 主控单元
2. 每个付费区
3. 非付费区
4. 5V；12V；24V
5. SC
6. 1元；5元；1元

三、按图填空

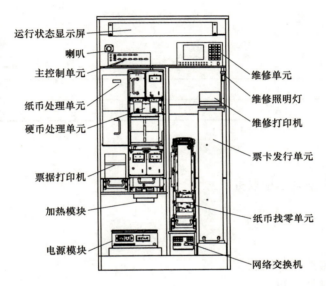

四、简答题（略）
五、案例分析题
分析：
1. 设备原因
此次事件是自动售票机故障引发。自动售票机投入钱币吐出剩余找零硬币，但没有出票，说明找零器运转正常，车票处理模块发生故障。
2. 管理原因
自动售票机发生故障，地铁公司应及时抢修。若发现紧急情况，地铁工作人员不应采取手写盖章的白条代替，因为白条盖章容易伪造，应该用纸票出售或等额纸票替代，同时报指挥中心备案，并且密切关注站存纸票的数量和售卖速度。

单元七　半自动售票机

一、单项选择题

序号	1	2	3	4	5	6	7
答案	D	B	B	C	C	B	C

二、填空题

1. 补票；退款；查询；挂失
2. 12V；24V
3. 补票模式；售补票模式

三、判断题

序号	1	2	3	4	5	6	7	8	9	10
答案	√	√	×	√	√	√	√	√	√	√

单元八　自动检票机

一、单项选择题

序号	1	2	3	4
答案	A	B	A	D

二、填空题

1. SC；关机
2. 进站；双向；宽通道检票机
3. UPS
4. 左；右
5. 7~40V；5V
6. 绿色；白色带红叉；红色
7. 进站标志；进站时间
8. 半年；掉杆
9. 半年；雷雨季节
10. >10MΩ；>10MΩ
11. 回收

三、判断题

序号	1	2	3	4	5	6	7	8	9	10
答案	×	×	×	×	√	×	×	×	×	×

四、简答题

1.

（1）主电源熔丝坏，更换熔丝。

（2）主电源电气开关未打开，打开空气开关。

2.

（1）传感器坏了，更换传感器。

（2）传感器转接板供电不正常，检测供电。

（3）传感器转接板异常或主从转接板异常，更换板子。

（4）传感器线缆或插头接触不良，重新插好。

3.

（1）设备选型。人脸识别/人证合一验证验票闸机、高铁站/客运站实名制核验闸机，可选型为人脸识别闸机、三辊闸、翼闸、摆闸等通道设备。

（2）升级改造。对原有检票机进行升级改造，替换检票的闸机面板、工控机、核心控制板，增加二维码识读模块、证件识别模块，并追加人脸识别检票终端方案（人证比对合一性验证和电子检票二维码自动识读两种进出站验票方案可选），无须取票，直接刷身份证比对人脸一致性验证进站、刷手机二维码扫码检票过闸。

参 考 文 献

［1］张莹，吴冰. 城市轨道交通车站设备［M］. 北京：电子工业出版社，2011.
［2］上海申通地铁集团有限公司，轨道交通培训中心. 城市轨道交通自动售检票系统［M］. 北京：中国铁道出版社，2011.
［3］赵时旻. 轨道交通自动售检票系统［M］. 上海：同济大学出版社，2007.
［4］人力资源和社会保障部教材办公室，广州市地下铁道总公司. 自动售检票系统检修工［M］. 北京：中国劳动社会保障出版社，2014.
［5］邵震球，于丹. 城市轨道交通自动售检票系统实务［M］. 北京：机械工业出版社，2016.